程树德讲汉律考

CHENGSHUDE
JIANG
HANLÜ KAO

程树德 著

河海大学出版社
HOHAI UNIVERSITY PRESS
·南京·

图书在版编目（CIP）数据

程树德讲汉律考 / 程树德著. -- 南京 : 河海大学出版社, 2020.1

ISBN 978-7-5630-6038-2

Ⅰ. ①程… Ⅱ. ①程… Ⅲ. ①法制史－研究－中国－古代 Ⅳ. ①D929.2

中国版本图书馆 CIP 数据核字 (2019) 第 140335 号

书　　名 / 程树德讲汉律考
书　　号 / ISBN 978-7-5630-6038-2
责任编辑 / 毛积孝
特约编辑 / 李　路　　叶青竹
特约校对 / 王春兰　　董　瑞
出版发行 / 河海大学出版社
地　　址 / 南京市西康路 1 号（邮编：210098）
电　　话 / （025）83722833（营销部）
　　　　　（025）83737852（总编室）
经　　销 / 全国新华书店
印　　刷 / 三河市元兴印务有限公司
开　　本 / 880mm×1230mm　1/32
印　　张 / 8.5
字　　数 / 165 千字
版　　次 / 2020 年 1 月第 1 版
印　　次 / 2020 年 1 月第 1 次印刷
定　　价 / 59.80 元

《大师讲堂》系列丛书

▶ 总序

/ 吴伯雄

梁启超说 :“学术思想之在一国，犹人之有精神也。”的确，学术的盛衰，关乎一个民族的精神气象与文化氛围。民国是一个动荡不安的时代，内忧外患，较之晚清，更为剧烈，中华民族几乎已经濒临亡国灭种的边缘。而就是在这样日月无光的民国时代，却涌现出了一批批大师，他们不但具有坚实的旧学基础，也具备超前的新学眼光。加之前代学术的遗产，西方思想的启发，古义今情，交相辉映，西学中学，融合创新。因此，民国是一个大师辈出的时代，梁启超、康有为、严复、王国维、鲁迅、胡适、冯友兰、余嘉锡、陈垣、钱穆、刘师培、马一孚、熊十力、顾颉刚、赵元任、汤用彤、刘文典、罗根泽……单是这一串串的人名，就足以使后来的学人心折骨惊，高山仰止。而他们在史学、哲学、文学、考古学、民俗学、教育学等各个领域所取得的成就，更是创造出了一个异彩纷呈的学术局面。

岁月如轮，大师已矣，我们已无法起大师于九原之下，领教大师们的学术文章。但是，“世无其人，归而求之吾书”(程子语)。

大师虽已远去，他们留下的皇皇巨著，却可以供后人时时研读。时时从中悬想其风采，吸取其力量，不断自勉，不断奋进。诚如古人所说："圣贤备黄卷中，舍此安求？"有鉴于此，我们从卷帙浩繁的民国大师著作当中，精心编选出版了这一套"大师讲堂系列丛书"，分辑印行，以飨读者。原书初版多为繁体字竖排，重新排版字体转换过程当中，难免会有鲁鱼亥豕之讹，还望读者不吝赐正。

吴伯雄，福建莆田人，1981年出生。2003年考入福建师范大学古代文学研究系，师从陈节教授。2006年获硕士学位。同年9月考入复旦大学中文系古代文学专业，师从王水照先生。2009年7月获博士学位。同年9月进入福建师范大学文学院古代文学教研室工作。推崇"博学而无所成名"。出版《论语择善》(九州出版社),《四库全书总目选》(凤凰出版社)。

目录

序

汉萧何作九章律，益以叔孙通傍章十八篇，及张汤越宫律二十七篇，赵禹朝律六篇，合六十篇，是为汉律。《后书·安帝纪注》谓汉律今亡，《隋志》亦云汉律久亡，是唐时已佚。《史记索隐》引崔浩《汉律序》，《陈书·沈洙传》引汉律，则六朝末此本尚存也。《晋志》载汉时决事集为令甲以下三百余篇，及司徒鲍公撰嫁娶辞讼决为法比都目凡九百六卷，《唐书·艺文志》所著录者，仅《廷尉决事》二十卷，《廷尉驳事》十一卷，《建武律令故事》三卷。《太平御览》尚引《廷尉决事》，而《宋史·艺文志》已不载，则至宋末已全佚。班氏《刑法志》于汉律语焉不详，司马彪《续汉志》亦不著刑法之目，而一代典章，遂汩没而不可考，甚矣史才之难也。九章之律，出于李悝《法经》，而《法经》则本于诸国刑典，其源最古。春秋时齐有管子七法，楚有仆区法、茆门法，晋有刑书刑鼎，郑有刑书竹刑，其见于记载者如此。商君有言，不观时俗，不察国本，则其法立而民乱。自汉以后，沿唐及宋，迄于元明，虽代有增损，而无敢轻议成规者，诚以其适国本，便民俗也。汉世律学最盛，何休注《公羊》，郑司农注《周礼》，皆以汉律解经。许氏《说文》则并以汉律解字，今其佚文散句，犹可考见，而唐宋以来诸家，卒无有从事考订者。宋王应麟所辑之《玉海》及《汉制考》，略有征引，他不概见。今唐以前诸律，皆无一存，则探讨之难可知也。余尝谓有清一代经学词章，远轶前轨，独律学阙焉不讲。纪文达编纂《四库全书》政书类法令之属，仅收二部，存目仅收五部，其案语则谓刑为盛世所不能废，而亦盛世所不尚，所录略存梗概，不求备也。此论一创，律学益微。甲辰读律扶桑，即有搜辑丛残之志，荏苒十年，久稽卒业。丁巳戊午，乃稍稍佣钞存箧，因仿《文献通考》之例，厘为《汉律考》七卷。甲子增订为八卷，以存一代之制。

一九一八年戊午秋七月闽县程树德序

一 律名考

三代皆以礼治，孔子所谓殷因于夏礼，周因于殷礼，是也。《周礼》一书，先儒虽未有定说，而先王遗意，大略可见。其时八议八成之法，三宥三赦之制，胥纳之于礼之中，初未有礼与律之分也。周室凌夷，诸侯各自立制，刑书刑鼎，纷然并起。李悝始集诸国刑典，著《法经》六篇，然犹未以律为名也。商鞅传《法经》，改法为律，律之名，盖自秦始。汉沿秦制，顾其时去古未远，礼与律之别，犹不甚严。《礼乐志》叔孙通所撰礼仪与律同录藏于理官。《说文》引汉律祠宗庙丹书告，《和帝纪》注引汉律春曰朝秋曰请，是可证朝觐宗庙之仪，吉凶丧祭之典，后世以之入礼者，而汉时则多属律也。魏晋以后，律令之别极严，而汉则否。《杜周传》前主所是著为律，后主所是疏为令；文帝五年除盗铸钱令，《史记·将相名臣表》作除钱律；《萧望之传》引金布令，《后书》则引作汉律金布令，《晋志》则直称金布律，是令亦可称律也。律令之外，又得以春秋经义决狱，吕步舒以春秋谊治淮南狱，儿宽以古法决疑狱，俱载各纪传，是则并春秋经义亦得与律同视也。此皆与后世异者。若夫九章之外以律称者，如尉律大乐上计酎金诸律，其为属旁章以下，抑系别出，书缺有间。然《说文》引尉律，《艺文志》则引作萧何草律，是尉律亦萧何所造。《晋志》称魏有乏留律，在魏律十八篇之外。盖正律以外，尚有单行之律，固汉魏间通制也。至于比例定罪，自汉及唐，迄于有清，相沿不改，姑附于末，后之考古者，得观览焉，作律名考。

律（章程附）

九章律

汉兴，高祖初入关，约法三章，曰杀人者死，伤人及盗抵罪，蠲削繁苛，兆民大悦。其后四夷未附，兵革未息，三章之法，不足以御奸，于是相国萧何捃摭秦法，取其宜于时者，作律九章。（《刑法志》）

汉兴萧何次律令，韩信申军法，张苍为章程，叔孙通定礼仪。（《司马迁传》）

汉章九法，太宗改作，轻重之差，世有定籍。（《叙传》）

高帝受命诛暴，平荡天下，约令定律，诚得其宜。文帝惟省除肉刑相坐之法，它皆率由，无革旧章。武帝征伐四方，军役数兴，豪杰犯禁，奸吏弄法，故重首匿之科，著知从之律。宣帝聪明正直，臣下奉宪，无所失坠，因循先典，天下称理。至哀平继体，而即位日浅，听断尚寡，王嘉轻为穿凿，亏除先帝旧约成律。注按嘉传及《刑法志》并无其事，统与嘉时代相接，所引固不妄矣，但班固略而不载也。（《梁统传》）

文颖曰，萧何承秦法，所作为律，今律经是也。（《宣帝纪》注）

法律之家，亦为儒生。问曰，九章谁所作也？彼闻皋陶作狱，必将曰皋陶也。诘曰，皋陶唐虞时，唐虞之刑五刑，今律无五刑之文。或曰萧何也。诘曰，萧何高祖时也。孝文之时，齐太仓令淳于德有罪征诣长安，其女缇萦，为父上书，言肉刑一施，不得改悔，文帝痛其言，乃改肉刑。案今九章象刑，非肉刑也，文帝在萧何后，知时肉刑也？萧何所造，反具肉刑也？而云九章萧何所造乎？（《论衡·谢短》）

汉承秦制，萧何定律，除参夷连坐之罪，增部主见知之条，益事律兴厩户三篇，合为九篇。（《晋书·刑法志》）

魏文侯师李悝，集诸国刑书，造《法经》六篇，商鞅传之，改法为律，以相秦，增相坐之法，造参夷之诛，大辟加凿颠抽胁镬烹车裂之制。至汉萧何加悝所造户兴厩三篇，谓之九章之律。（《唐六典》注）

周衰刑重，战国异制，魏文侯师于李悝，集诸国刑典，造《法经》六篇。一盗法，二贼法，三囚法，四捕法，五杂法，六具法。商鞅传授，改法为律，汉相萧何，更加悝所造户兴厩三篇，谓九章之律。（《唐律疏义》）

《皋陶》谟虞始造律，萧何成九章，此关百王不易之道。（《书钞》四十五引《风俗通》）

律是咎繇遗训，汉命萧何广之。（《御览》六百三十八引《傅子》）

一　盗律

取非其物谓之盗。（《晋书·刑法志》引张斐《律表》）

悝以为王者之政，莫急于盗贼，故其律始于盗贼。（《晋书·刑法志》）

李悝首制《法经》，有盗法贼法，以为法之篇目。自秦汉逮至后魏，皆名贼律盗律，北齐合为贼盗律，后周为劫盗律，复有贼叛律，隋开皇合为贼盗律。（《唐律疏义》）

二　贼律

无变斩击谓之贼。（《晋书·刑法志》引张斐《律表》）

按《寄簃文存》云，贼盗二字，义本不同，故《法经》分为二篇。《左氏》文十八年传，周公作誓命曰，毁则为贼，窃贿为盗，杜注，毁则坏法也。昭四年传，叔向曰：已恶而掠美为昏，贪以败官为墨，杀人不忌为贼。《夏书》曰：昏墨贼杀，皋陶之刑也。此皆法家言之最古者。《说文》贼败也，从戈则声，败毁也，与毁则为贼之义合，乃谐声兼会意字。盗私利物也，从次，次欲皿者，乃会意字。二字之本义如此，初不相通也。《荀子》修身篇害良曰贼，窃货曰盗。晋张斐律注无变斩击谓之贼，取非其物谓之盗。《周礼》朝士疏，盗贼并言者，盗谓盗取人物，贼谓杀人曰贼。盗戴二字连文，唐以前人分别甚明，绝不相蒙。其盗贼单言者，贼谓贼害，如《孟子》贼仁者谓之贼，以及《汉书》吕览《淮南》《楚辞》诸书之注释，皆同。杀人乃贼害之甚者，故叔向曰，杀人不忌为贼。又大《戴记曾子立事》篇杀人而不戚也，贼也，以及《书》《舜典》《传》《吕览》《后汉书注》，并言杀人曰贼，与贼害之义相引伸也。盗谓盗窃，如《谷梁传》定八年，非其所取而取之谓之盗，《庄子·山木篇注》盗窃者私取之谓也，足与《说文》之义相发明。其余诸书，不胜枚举。《玉篇广韵》贼下始有盗也一训，盖二书为宋所乱，已失顾野王孙愐之旧，非古义也。盗法贼法，李悝本为二事，汉律因之。盗则盗窃劫略之类，贼则叛逆杀伤之类。魏于盗律内分立劫略律。晋无劫略，则仍入盗律。梁为盗劫律，贼律则曰贼叛律。北齐始合二律为一，曰贼盗。周隋时合时分，唐复合而为一，故叛逆杀伤诸事，皆在其中。元于贼盗外别立杀伤之目，明又改为人命，盖大失古律之本义矣。《唐律疏义》谓盗法今贼盗律，贼法今诈伪律，俱未谛当。唐之戴盗兼盗法贼法在内，诈伪律魏由贼律分出，而贼律固不止诈伪一事也。又周礼《士师》八成二曰邦贼，六曰邦盗，郑司农云，八成者行事有八篇，若今时决事比。据先郑注，则周代刑法此其篇目之可考者，然究非全体也。邦贼注云，为逆乱者，邦盗注云，窃取国家之宝藏者，贼盗分为二事，盖古法皆然。

三　囚律

断狱律之名，起自于魏。魏分李悝囚法而出此篇。(《唐律疏义》)

四　捕律

李悝制《法经》六篇，捕法第四，至后魏名捕亡律，北齐名捕断律，后周名逃捕律，隋复名捕亡律。（《唐律疏义》）

五　杂律

李悝首制《法经》，而有杂法之目，递相祖习，多历年所，然至后周更名杂犯律，隋又去犯，还为杂律。（《唐律疏义》）

六　具律

魏新律序略云，旧律因秦《法经》，就增三篇，而具律不移，因在第六，罪条例既不在始，又不在终，非篇章之义。（《晋书·刑法志》）

魏改汉具律为刑名第一，晋于魏刑名律中分为法例律，宋齐梁及后魏因而不改，爰至北齐，并刑名法例为名例，后周复为刑名，

隋因北齐更为名例，唐因于隋。（《唐律疏义》）

七 户律

汉相萧何承秦六篇律，加厩兴户三篇，迄于后周，皆名户律。北齐以婚事附之，名为婚户律。隋开皇以户在婚前，改为户婚律。（《唐律疏义》）

按户律以下三篇，总谓之事律，见《晋志》及《玉海》注。《晋志》益事律兴厩户三篇，户律在末。《唐律疏义》或作户兴厩三篇，或作厩兴户三篇。考《唐六典》载晋奉始新律，户律在第十二，兴律在第十三，厩律在第十七，其次第必有所本，兹从之。

八 兴律

汉相萧何创为兴律，魏以擅事附之，名为擅兴律。晋复去擅为兴。又至高齐，改为兴擅律。隋开皇改为擅兴律。（《唐律疏义》）

九 厩律

魏新律序略云，秦世旧有厩置乘传副车食厨，汉初承秦不改，后以费广稍省，故后汉但设骑置，而无车马律，犹著其文，则为虚设，故除厩律。（《晋书·刑法志》）

汉律九章，创加厩律，魏以厩事散入诸篇，晋以牧事合之，名为厩牧律。自宋及梁，复名厩律。后魏太和中，名牧产律，至正始

年，复名厩牧律，历北齐后周，更无改作。隋开皇以库事附之，更名厩库律。厩者，鸠聚也，马牛之所聚。（《唐律疏义》）

傍章十八篇

叔孙通益律所不及，傍章十八篇。（《晋书·刑法志》）

按《司为迁传》，叔孙通定礼仪，《梅福传》叔孙通遁秦归汉，制作仪品，《曹褒传》章和元年，召褒诣嘉德门，令小黄门持班固所上叔孙通汉仪十二篇。《论衡》高祖诏叔孙通制作《仪品》十六篇。是通所著为《汉仪》。王应麟于《汉艺文志考证》增《汉仪》一种，即谓此也，别无益律十八篇之说。《史记》《汉书》通本传及《刑法志》俱不载，疑莫能明。后考《礼乐志》云，今叔孙通所撰礼仪与律令同录臧于理官，而后得其说，盖与律令同录，故谓之傍章。（《盐铁论》二尺四寸之律，古今一也。曹褒改通《汉仪》，亦写以二尺四寸简，见褒传）。《应劭传》劭删定律令为《汉仪》，建安元年奏之，是可证通之傍章，即《汉仪》也。据通传，高帝崩，孝惠即位，乃谓通曰，先帝园陵寝庙，群臣莫习，徙通为奉常，定宗庙仪法及稍定汉诸仪法，皆通所论著。是通作傍章当在惠帝时，（《周礼小祝》注引《汉仪》，每街路辄祭，《礼记·祭法》疏引《汉仪》，高帝庙主九寸，前方后圆，围一尺，此《汉仪》佚文之尚可考者）。

越宫律二十七篇
朝律六篇

张汤与赵禹共定诸律令，务在深文。（《张汤传》）

张汤越宫律二十七篇，赵禹朝律六篇。（《晋书·刑法志》）

孝武世以奸宄滋甚，增律五十余篇。（《魏书·刑罚志》）

张汤制越宫律，赵禹作朝会正见律。（《御览》六百三十八引张斐《律序》）

按傍章十八篇，越宫朝律合以九章，共六十篇，是谓汉律。傍章以下，其篇目皆无考，诸书中引汉律并载其律名者，尚有数种，别附于后，其为傍章以下之一篇，抑系单行之律，则不可考矣。

尉律（见《昭帝纪注》《说文叙》）

董彦远《谢除正字》启，尉律四十九类，书盖已亡。（《困学纪闻》）

徐锴曰，尉律，汉律篇名。（《说文解字》）

酎金律（见《礼仪志注》）

酎金律文帝所加，以正月旦作酒，八月成，名酎酒，因合诸侯，助祭贡金。（《礼仪志注》引丁孚《汉仪》）

张晏曰，正月旦作酒，八月成，名曰酎，酎之为言，纯也。至武帝时，因八月尝酎金诸侯庙中，出金助祭，所谓酎金也。（《史记·孝文本纪注》）

如淳曰，《汉仪》注，侯岁以户口酎黄金，献于汉庙，皇帝临受献金，以助祭，大祠曰饮酎，饮酎受金，少不如斤两，色恶，王削县，侯免国。（《史记·平准书注》）

师古曰，酎三重，酿醇酒也，味厚，故以荐宗庙。（《景帝纪注》）

元鼎五年，列侯坐献黄金酎祭宗庙不如法夺爵者百余人。（《武帝纪》）

五凤四年，嗣朝侯固城坐酎金少四两，免。地节四年，襄阳侯圣坐奉酎金八两少四两，免。（《王子侯表》）

汉多以酎金失侯，其故何也？考《史记·平准书》武帝方事夷狄而击羌越，卜式上书，愿父子往死之，帝侯卜式，赐金六十斤，田十顷以风，天下莫应，而列侯百数，皆莫求从军击羌者，故于宗庙酎时，使少府省诸侯所献金斤两少者色恶，王削县，侯失国

焉，盖缘诸侯之不从军，武帝忿焉，乃设此法，故失侯者百余人。（《韩王信传注》引孔武仲《杂说》）

上计律（见《周礼·春官·典路注》）

司会主天下之大计，计官之长，若今尚书。疏、汉之尚书，亦主大计。（《周礼·天官·司会注》）

岁终则令群吏致事，注、使赍岁尽文书来至，若今上计。疏、汉之朝集使，谓之上计吏，谓上一年计会文书及功状也。（《周礼·天官·小宰注》）

若今岁计月计日计。（《周礼·天官·宰夫注》）

上其计簿。疏、汉时考吏，谓之计吏，此言计簿，据其文书也。（《周礼·地官·大司徒注》）

若今计文书，断于九月。（《周礼·秋官·小行人注》）

岁献，献国事之书及计偕物也。《正义》汉时谓郡国送文书之使为计吏，其贡献之物与计吏俱来，故谓之计偕物。（《礼记·射义注》）

太初元年春，还受计于甘泉。注、师古曰，受郡国所上计簿也。元光五年。令与计偕。注、师古曰，计者上计簿使也，郡国每岁遣诣京师上之。（《武帝纪》）

黄龙元年，诏曰，上计簿具文而已，务为欺谩，以避其课，御

史察计簿疑非实者按之。（《宣帝纪》）

郡国恐伏其诛，则择便巧史书习于计簿能欺上府者，以为右职。（《贡禹传》）

郡乃定国界，上计簿，更定图，言丞相府。（《匡衡传》）

时郡国计吏多留拜为郎，秉上言宜绝横拜，以塞觊觎之端，自此终桓帝世，计吏无复留拜者。（《杨秉传》）

岁尽，遣使上计。注、卢植礼注曰，计断九月，因秦以十月为正故。（《百官志》）

众利侯郝贤，元狩二年坐为上谷太守入戍卒财物计谩免。（《功臣表》）

武帝每因封禅泰山，即受计于甘泉。《通典》云，汉制，郡守岁尽遣上计掾吏各一人，条上郡内众事，谓之计簿。《严助传》云，助守会稽，愿奉三年计最，如淳谓旧法当使丞奉计，今助躬自愿入奉也。至《百官志》则第言遣吏上计，而所遣计吏，遂补郎官，盖与西都遣丞奉计已不同矣。西都天子亲受计，而所谓计帐，则计相上之，见《张苍传》。东京但使司徒受计，吏至于长揖不拜，见《赵壹传》，则其制浸以轻矣。（《东汉会要》）

按《史记·范雎传》，王稽拜为河东守，三岁不上计。《集解》司马彪曰，凡郡长治民进贤劝功决讼检奸，常以春行所至县，劝民农桑，振救乏绝，秋冬遣无害吏案讯，问诸囚，平其罪法，论课殿最，岁尽遣吏上计云云，汉盖沿秦制也。《玉海》六十五引《汉书旧仪》朝会上计律，常以正月旦受群臣朝贺，疑上计律为朝律中之一篇。

钱律（见《史记·将相名臣表》）

五年、除盗铸钱令。（《文帝纪》）

六年、定铸钱伪黄金弃市律。（《景帝纪》）

左官律（见《诸侯王表》）

武有衡山淮南之谋，作左官之律。注服虔曰，仕于诸候为左官，绝不得使仕于诸侯也。（《诸侯王表》）

左官外附之臣。注谓左官者，人道尚右，舍天子而事诸侯为左官。（《丁鸿传》）

建武二十四年，诏有司申明旧制阿附蕃王法。注引前书音义曰，阿曲附益王侯者，将有重法。（《光武纪》）

淮南王来朝，厚赂遗助，及淮南反，事与助相连，廷尉张汤以为助出入禁门，腹心之臣，而外与诸侯交私，不诛，后不可治，助竟弃市。（《严助传》）

会李竟坐与诸侯王交通，语及霍氏，有诏，云山不宜宿卫，免

就第。（《霍光传》）

王国人不得宿卫。（两龚传）

汉制，王国人不得在京师。（《彭宣传注》）

吉坐昌邑王被刑，后戒子孙毋为王国吏。（《王吉传》）

奏崇与宗族通，疑有奸，请治。（《郑崇传》）

太子储君，无外交之义，汉有旧防，蕃王不宜私通宾客。（《郑众传》）

嗣安平侯鄂，但坐与淮南王安通，遗王书称臣，弃市。（《功臣表》）

按程大昌《演繁露》云，汉法，仕诸侯者名为左官，则古不尚左，其来已久。吴仁杰《两汉刊误补遗》云，土芀曰今分土而官之，是左之也，是左官之言，在春秋时已如此。

大乐律（见《周礼·春官·大胥》注《百官志注》）

田律（见《周礼·秋官·士师》注《夏官·大司马疏》）

野有田律。疏、谓举汉法以况之。（《周礼·秋官·士师注》）

无干车，无自后射。疏、此据汉田律而言。（《周礼·夏官·大司马注》）

田租税律（见《史记·将相名臣表》）

尚方律

尚方所制，汉有严律，诸侯窃服，虽亲必罪。（《宋书》）

按《魏志·邓哀王冲传》，景初元年琮坐于中尚方作禁物，削户三百，贬爵为都乡侯；又《彭城王据传》，据坐私遣人诣中尚方作禁物，削县二千户，是魏时尚沿汉制也。

挟书律

按《惠帝纪》，四年除挟书律。注应劭曰，挟藏也。张晏曰，秦律敢有挟书者族。是此律汉初已废。

章程（附）

章程谓定百工用材多少之量及制度之程品。（《诗鲁颂疏》）

天下既定，命张苍定章程。注、如淳曰章、历数之章术也，程者、权衡丈尺斗斛之平法也。师古曰，程，法式也。（《高帝纪》）

苍为计相时，绪正律历，吹律调乐，入之音声，及以比定律令，若百工天下作程品。注、如淳曰，若顺也，百工为器物，皆有

尺寸斤两斛斗轻重之宜，使得其法，此之谓顺。（《任敖传》）

渐课民畜牸牛草马，下逮鸡豚犬豕，皆有章程。（《魏志·杜畿传》）

孝宣以章程练名实。（《玉海》）

令（诏条附）

令、领也，领理之使不相犯也。（《释名》）

文颖曰，天子诏所增损不在律上者为令。（《宣帝纪注》）

前主所是著为律，后主所是疏为令。（《史记·杜周传》）

春夏生长，圣人象而为令，秋冬杀藏，圣人则而为法，故令者教也，法者刑罚也。（《盐铁论》）

律以正刑定罪，令以设范立制。（《唐六典》）

律以正罪名，令以存事制。（《御览》六百四十一引杜预《律序》）

以上律与令之别

律令繁多百有余万言。（《成帝纪》）

孝武即位，外事四夷之功，内盛耳目之好，征发烦数，百姓贫耗，穷民犯法，酷吏击断，奸轨不胜，于是招进张汤赵禹之属，条定法令，作见知故纵监临部主之法，缓深故之罪，急纵出之诛，禁罔浸密，律令凡三百五十九章。（《刑法志》）

方今律令百有余篇，文章繁，罪名重，郡国用之，疑惑或浅或

深，自吏明习者不知其处，而况愚民乎？（《盐铁论》）

令甲以下三百余篇。（《晋书·刑法志》）

以上汉令之繁

诸法令所更定其说，皆谊发之。（《贾谊传》）

错又言法令可更定者书凡三十篇，孝文虽不尽听，然奇其材。景帝即位，以错为内史，法令多所更定。错所更令三十章，诸侯欢哗。（《晁错传》）

以上令之更定

令甲（见《宣帝纪》《哀帝纪注》《平帝纪注》《律历志》《贾谊新书》《晋书·刑法志》）

甲者创制之令。疏、汉谓令之重者为令甲。（易先甲后甲注）

文颖曰，令甲者，前帝第一令也。如淳曰，令有先后，故有令甲令乙令丙。师古曰，如说是也，甲乙者若今第一篇第二篇耳。（《宣帝纪注》）

天子之言，曰令，令甲乙是也。（《新书》）

按令甲亦称甲令。《吴芮传赞》著于甲令而称忠，师古注，甲者，令篇之次也。《叙传景纪》述务在农桑，著于甲令，《后纪》论编置甲令，注、《前书音义》曰，甲令者，前帝第一令也，有甲令乙令两令。

又按明陈继儒《群碎录》云，今人称法令曰令甲，出汉宣帝诏，盖是法令首卷，观《江充传注》令乙，章帝诏令丙可知，想汉律有十卷耳。王世贞《宛委余篇》云，今人称法令曰令甲，以汉宣帝诏令甲死者不可复生然，是法令之首卷。《江充传注》令乙骑乘行驰道中。章帝诏日，令丙箠长短有数，然则令乙者，第二卷也，令丙者，第三卷也。汉律当有十卷。愚谓十卷之说，近于臆断，殆不足辨。《萧望之传》引金布令甲，是金布令亦自有甲乙，如淳说近之。戴埴《鼠璞》云，汉令甲令乙令丙，乃篇次也，今例以法律为令甲者非。

令乙（见《江充传注》《晋书·刑法志》）

按令乙亦称乙令，见《张释之传》如淳注。

令丙（见《章帝纪》《晋书·刑法志》避唐讳作令景）

功令（见《儒林传》《史记·儒林传》）

请著功令。注、师古曰，新立此条，请以著于功令。功令、篇名，若今还举令。（《儒林传》）

太史公曰，余读功令。《索隐》谓学者课功著之令，即今之学

令是也。（《史记·儒林传》）

金布令（见《高帝纪注》《萧望之传》《礼仪志注》）

师古曰，金布者令，篇名，若今之仓库令也。（《高帝纪注》）

师古曰，金布者令，篇名也。其上有府库金钱布帛之事，因以名篇。（《萧望之传注》）

金布律有毁伤亡失县官财物罚赎入责以呈黄金为价诸目。（《晋书·刑法志》）

按《晋志》作金布律，《后书·礼仪志注》引作汉律金布令，与《萧望之传》互歧，当以传文为正。

宫卫令（见《张释之传注》）

为卫司马，按旧令，遂辑官属以下行卫者，卫尉私使宽饶出，宽饶以令诣官府门上谒辞。（《盖宽饶传》）

秩禄令（见《文帝纪注》《史记·吕后纪注》）

《茂陵》书《秩禄》令，此二书亡失，不得过江。（《玉海》）

品令（见《百官公卿表注》）

祠令（见《文帝纪注》）

诸侯王列侯使者，侍祠天子岁献祖宗之庙。《集解》张晏曰，王及列侯岁时遣使侍祠助祭也。如淳曰，不使王侯祭者，诸侯不得祖天子也。（《史记・孝文本纪》）

太初二年，睢陵侯张昌坐为太常乏祠免。注、师古曰，祠事有阙也。孝武后二年秺侯商丘成坐为詹事侍祠孝文庙，醉歌堂下，大不敬，自杀。（《功臣表》）

嗣牧丘恬侯石德坐为太常祠，不如令，完为城旦。（《恩泽侯表》）

祀令（见《郊祀志注》《祭祀志注》）

臣瓒曰，高帝除秦社稷，立汉社稷，礼所谓太社也，时又立官社，配以夏禹，所谓王社也，见汉祀令。（《郊祀志注》）

汉法，三岁一祭天于云阳宫甘泉坛，以冬至日祭天，天神下，三岁一祭地于河东汾阴后土宫，以夏至日祭地，地神出，五帝祭于雍五畤。（《御览》五百二十七引《汉书旧仪》）

斋令（见《祭祀志》注引《蔡邕表》志）

诚宜具录本事、建武乙未元和丙寅诏书，下宗庙仪及斋令，宜入郊祀志，永为典式。（《祭祀志注》引《蔡邕表》志）自今斋制，宜如故典。（《蔡邕传》）

凡斋天地七日，宗庙山川五日，小祠三日。（《礼仪志》）

周泽为太常，清洁循行，尽敬宗庙，常卧病斋官，其妻哀泽老病，阚问所苦，泽大怒，以妻干犯斋禁，遂收送诏狱。（《周泽传》）

孝景二十一年，嗣侯萧胜坐不斋耐为隶臣。（《功臣表》）

元狩五年，卫尉充国坐斋不谨弃市。（《百宫公卿表》）

公令（见《何并传注》）

狱令（见《百官公卿表注》）

箠令（见《刑法志》《景帝纪》）

水令（见《儿宽传》）

师古曰，为用水之次，具立法令。（《儿宽传注》）

迁南阳太守，躬劝农耕，信臣为民作均水，约束刻石，立于田畔，以防分争。（《召信臣传》）

田令（见《黄香传》）

兴起稻田数千顷，每于农月，亲度顷亩，分别肥瘠，差为三品，各立文簿，藏之乡县，于是奸吏跼蹐，无所容诈。彭乃上言，宜令天下齐同其制，诏书以其所立条式，班令三府，并下州郡。（《秦彭传》）

马复令（见《西域传》）

当今务在禁苛暴，止擅赋，力本农，复马复令，以补缺毋乏武备而已。注、孟康曰，先是令长吏各以秩养马，亭有牝马，民养马皆复不事，后马多绝乏，至此复修之也。师古曰，马复、因养马而免徭赋也。（《西域传》）

文帝时晁错说曰，令民有车骑马一匹者，复卒三人。车骑者，天下之武备也，故为复卒。武帝令民得蓄边县，官假母马，三岁而归，及息什一，用充入新秦中。车骑马乏，县官钱少，买马难得，乃著令，令封君以下至三百石吏以上，差出牡马，天下亭亭有蓄字马，岁课息。（《食货志》）

元狩五年春三月，天下马少平牡马匹二十万。注、如淳曰，贵平牡马贾欲使人共蓄马。（《武帝纪》）

胎养令（见《章帝纪》）

元和二年，诏曰，令云人有产子者，复勿算三岁，今诸怀妊者赐胎养谷人三斛，复其夫勿算一岁，著以为令。论曰，章帝长者，感陈宠之议，除惨狱之科，深元元之爱，著胎养之令。（《章帝纪》）

按《玉海》六十五，载宋仁宗嘉祐三年韩宗彦请修胎养令，以为继嗣汉室，皆章帝苗裔，以仁心养民故也。绍兴二十七年九月，范如志奏请修胎养令。

养老令（见《文帝纪》）

元年，诏曰，老者非帛不煖，非肉不饱，今岁首，不时使人存问长老，又无布帛酒肉之赐，将何以佐天下子孙孝养其亲？今闻吏禀当受鬻者，或以陈粟，岂称养老之意哉。具为令。有司请令县道，年八十已上，赐米人月一石，肉二十斤，酒五斗。其九十已上，又赐帛人二匹，絮三斤。赐物及当禀鬻米者，长吏阅视，丞若尉致。不满九十，啬夫令史致。二千石遣都吏循行，不称者督之。刑者及有罪耐以上，不用此令。（《文帝纪》）

元初四年，诏曰，《月令》仲秋养衰老，授几杖，行糜粥。方

今按比之时，郡县多不奉行，甚违诏书养老之意。（《安帝纪》）

任子令（见《哀帝纪》《王吉传》）

吏二千石以上，视事满三岁，得任同产若子一人为郎。（《哀帝纪》注应劭引《汉仪注》）

今俗吏得任子弟，率多骄骜，不通古今，宜明选求贤，除任子之令。注、子弟以父兄任为郎。（《王吉传》）

苏武以父任为郎，刘向以父任为辇郎，萧育以父任为太子庶子，伏湛以父任为博士弟子，辛庆忌以父任为右校丞。（《西汉会要》）

缗钱令（见《食货志》）

诸贾人末作贳贷，卖买居邑，贮积诸物，及商以取利者，虽无市籍，各以其物自占，率缗钱二千而算一，诸作有租及铸，率缗钱四千算一，非吏比者三老北边骑士，轺车一算，商贾人轺车二算，船五丈以上一算，匿不自占，占不悉，戍边一岁，没入缗钱，有能告者，以其半畀之。（《食货志》）

廷尉挈令（见《张汤传》）

按《应劭传》作廷尉板令，《史记·酷吏传》作廷尉絜令。《张汤传》注，韦昭曰，在板挈也。师古曰，挈狱讼之要也。《汉制考注》引徐铉曰，挈令，盖律令之书也。

光禄挈令（见《燕刺王旦传注》）
乐浪挈令（见《说文》系部）
租挈（见《沟洫志》）

按《沟洫志注》云，租挈，收田租之约令也。

诏条（附）

刺史班宣周行郡国，省察治状，黜陟能否，断治冤狱，以六条问事，非条所问即不省。一条、强宗豪右，田宅逾制，以强凌弱，以众暴寡。二条、二千石不奉诏书，遵承典制，倍公向私，旁诏守利，侵渔百姓，聚敛为奸。三条、二千石不恤疑狱，风厉杀人，怒则任刑，喜则淫赏，烦扰刻暴，剥截黎元，为百姓所疾，山崩石裂，妖祥讹言。四条、二千石选署不平，苟阿所爱，蔽贤宠顽。五条、二千石子弟怙恃荣势，请托所监。六条、二千石违公下比，阿附豪强，通行货赂，割损正令。（《百官公卿表注》引《汉官》典职仪）

武帝元封五年，初置部刺史掌奉诏条。（《百官公卿表》）

成帝初，言阴阳不和，咎在部刺史不循守条职。注、六条。（《薛宣传》）

迁朔方刺史，所察应条辄举。（《翟方进传》）

迁豫州牧，代二千石书史听讼，所察过诏条。注、出六条之外。（《鲍宣传》）

古之刺史，奉宣六条。（《魏志·杜畿传》）

惠帝三年，相国奏御史监三辅不法事，词讼、盗贼、铸伪钱、狱不直、繇赋不平、吏不廉、苛刻、踰侈及弩力十石以上作非所当服，凡九条。（《唐六典》）

科（科品附）

科，课也，课其不如法者罪贵之也。（《释名》）

永平十二年，诏曰，车服制度，恣极耳目，田荒不耕，游食者众，有司其申明科禁，宜于今者，宣下郡国。（《明帝纪》）

一律两科，失省刑之意。（《冯野王传》）

武帝军役数兴，豪杰犯禁，奸吏弄法，故重首匿之科。（《梁统传》）

今可令通义理明习法律者，校定科比，（注、科谓事条，比谓类例，）一其法度，班下郡国，蠲除故条。（《桓谭传》）

汉兴三百二年，宪令稍增，科条无限。（《陈宠传》）

帝敬纳宠言，每事务于宽厚，其后遂诏有司，绝钻钻诸惨酷之科。（同上）

忠上疏曰，亡逃之科，宪令所急，盖失之末流，求之本源，宜纠增旧科，以防来事。（《陈忠传》）

便可撰立科条，处为诏文。（同上）

高祖受命，萧何创制，大臣有宁告之科。（同上）

轻侮之比，浸以繁滋，至有四五百科。（《张敏传》）

金科玉条。注、科条，谓法令也。（《文选》扬雄《剧秦美新》）

今科条品制禁令，所以承天顺民者，备矣悉矣。（《袁宏后汉纪》）

魏新律序略云，科之为制，每条有违科不觉，不知从坐之免，不复分别，而免坐繁多，宜总为免例，以省科文。（《晋书·刑法志》）

至武帝时，张汤赵禹增律令科条大辟四百九条，宣帝时，于定国又删定律令科条。（《唐六典注》）删旧科，采汉律为魏律。（《御览》六百三十八引刘邵《律略》）

按汉科可考者，有持质，有登闻道辞，有考事报谳，有使者验赂，有擅作修舍，有平庸坐臧，（《功臣表》任当千坐卖马一匹，买钱十五万过平臧五百以上，免。）有异子之科，有投书弃市之科，均载《晋志》。魏武帝始置新科，见《魏志·何夔传》。蜀汉诸葛亮法正刘巴李严等共造蜀科，见《蜀志·伊籍传》。嘉禾三年表定科令，见《吴志·孙登传》。是三国时皆各立科条，不纯依汉制。《唐六典注》梁科三十卷，蔡法度所删定，陈依梁，后魏以格代科，于麟趾殿删定，名为麟趾格。北齐因魏立格，撰权格，与律令并行。《皇朝贞观格十》八卷，房玄龄等测定，是科即唐之格也。

科品（附）

元初五年，诏曰，旧令制度，各有科品。注、汉令今亡。（《安帝纪》）

二千石以下，各从科品。（《舆服志》）

国傅何敞谏曰，舆马台隶，应为科品，愿大王遵古制，省奴婢之口，减乘马之数，斥私田之富。（《济南王康传》）

时中常侍苏康管霸用事，遂固天下良田美业山林湖泽，祐移书所在，依科品没入之。（《刘祐传》）

比（故事附）

已行故事曰比。（《礼记·王制注》）

廷尉所不能决，谨具为奏，傅所当比律令以闻。（《刑法志》引高帝七年诏）

其后奸猾巧法，转相比况，禁网浸密，死罪决事比万三千四百七十二事，文书盈于几阁，典者不能偏睹，是以郡国承用者驳，或

罪同而论异，奸吏因缘为市，所欲活则傅生议，所欲陷则予死比。（《刑法志》）

成帝河平中下诏曰，今大辟之刑，千有余条，奇请他比，日以益滋。注、师古曰，比，以例相比况也，他比，谓引他类以比附之，稍增律条也。（同上）

九卿见令不便，不入言而腹非，论死，自是后有腹非之法比。（《食货志》）

法令比例，吏决断也，文吏治事，必问法家。（《论衡》）

至于孝武，征发烦数，百姓虚耗，穷民犯法，酷吏击断，奸宄不胜，于是张汤赵禹之属，条定法令，转相比况，禁网积密。（《群书治要》四十八引杜恕《体论》）

傅贤迁廷尉，常垂念刑法，务从轻比，每断冬至狱，迟徊流涕。（《御览》二百三十一引谢承《后汉书》）

决事比

若今时决事比。疏云，若今律其有断事，皆依旧事断之，其无条，取比类以决之，故云决事比。（《周礼·秋官·大司寇》注）

初父宠在廷尉，上除汉法溢于甫刑者，未施行，及宠免，后遂寝，而苛法稍繁，人不堪之。忠略依宠意，奏上二十三条为决事比，以省请就之敝，事皆施行。（《陈忠传》）

宠子思忠后复为尚书，略依宠意，奏上三十二条，为决事比。

（《晋志》）

死罪决事比

死罪决事比万三千四百七十二事。（《刑法志》）

于定国为廷尉，集诸法律凡九百六十卷，大辟四百九十条千八百八十二事，死罪决比凡三千四百七十二条，决诸断罪当用者，合二万六千二百七十二条。（《魏书·刑罚志》）

辞讼比（决事都目附）

司徒辞讼，久者至数十年，比例轻重，非其事类，错杂难知，昱奏定辞讼比七卷，决事都目八卷，以齐同法令，息遏人讼也。（《东观汉记·鲍昱传》）

少为州郡吏，辟司徒鲍昱府，数为昱陈当世便宜，昱高其能，转为辞曹，掌天下狱讼，宠为昱撰辞讼比七卷，决事科条，皆以事类相从，昱奏上之，其后公府奉以为法。（《陈宠传》）

汉时决事集为令甲以下三百余篇，及司徒鲍公撰嫁娶辞讼决，为法比都目凡九百六卷，世有增损，集类为篇，结事为章，一章之中，或事过数十，事类虽同，轻重乖异。（《晋志》）

陈宠为司徒掾，科条辞讼，比率相从，撰为八卷，至今司徒治

讼察吏，常以为法。（《书钞》六十八引《汉杂事》）

陈宠以法令繁，不良吏得生因缘，以致轻重，乃置撰科牒辞讼比例，使事类相从，以塞奸源。（《御览》二百四十九引华峤《后汉书》）

陈国有赵祐者，酒后自相署，或称亭长督邮，祐复于外骑马将绛幡，云我使者也。司徒鲍昱决狱云，骑马将幡，起于戏耳，无他恶意。（《御览》八百四十六引《风俗通》）

汝南张妙，酒后相戏，逐缚杜士，捶二十下，又悬足指，遂至死。鲍昱决事云，原其本意无贼心，宜减死。（同上）

南郡谳女子何侍为许远妻，侍父何阳素酗酒，从远假求，不悉如意，阳数骂詈。远谓侍曰，汝翁后骂者，吾必揣之。侍曰，类作夫妇，奈何相辱，揣我翁者，搏若母矣。其后阳复骂远，远遂揣之，侍因上搏姑耳再三，下司徒。鲍昱决事曰：夫妻所以养姑者也，今远自辱其父，非姑所使，君子之于凡庸，尚不迁怒，况所尊重乎？当减死论。（《御览》六百四十引《风俗通》）

按以上三条据沈钦韩《汉书疏证》，以为即辞讼比佚文。

献帝建安元年，劭奏曰，逆臣董卓，荡覆王室，典宪焚燎，靡有孑遗，臣不自揆，辄撰具律本章句、尚书旧事、廷尉板令、决事比例、司徒都目、五曹诏书及春秋断狱凡二百五十篇，蠲去复重，为之节文；又集驳议三十篇，以类相从，凡八十二事，其见《汉书》二十五，《汉记》四，皆删叙润色，以全本体，其二十六，博采古今瓌伟之士，文章焕炳，德义可观；其二十七，臣所创造。（《应劭传》）

廷尉决事（廷尉驳事附）

《廷尉决事》二十卷，《廷尉驳事》十一卷。（《新唐书·艺文志》）

廷尉上：广平赵礼诣雒治病，博士弟子张策门人李臧赍过所诣洛，还责礼冒名渡津，平裴谅议礼一岁半刑，策半岁刑。（《御览》五百九十八引《廷尉决事》）

河内太守上：民张大有狂病，病发，杀母弟，应枭首。遇赦，谓不当除之，枭首如故。（《御览》六百四十六引）

廷尉高文惠上：民傅晦诣民籍牛场上盗黍，为牛所觉，以斧掷折晦脚物故，依律牛应弃市。监桒超议，晦既夜盗，牛本无杀意，宜减死一等。（《御览》七百六十三引）

廷尉上事：张柱私卖饼为兰台令史所见。（《御览》八百六十引、《书钞》一百四十四引）

按以上四条，皆廷尉决事佚文之可考者，《隋志》有《魏廷尉决事》十卷，章宗源《隋经籍志考证》以《御览》所引即《魏廷尉决事》之文。考《唐志》刑法类廷尉决事，列于汉建武《律令故事》之下，应劭《汉朝议驳》之上，其为属汉无疑。而故事类别有《魏廷尉决事》十卷，章氏盖偶未深考。

故事（附）

武帝故事

宣帝修武帝故事，盛车服敬斋祠之礼。（《郊祀志》）

宣帝循武帝故事，求通达茂异士。（《何武传》）

宣帝时，修武帝故事，讲论六艺群书。（《王褒传》）

明帝欲遵武帝故事。（《窦固传》）

鸿嘉中上欲遵武帝故事。（《张放传》）

《汉武帝故事》二卷。（《新唐书·艺文志》《通鉴考异·汉武故事》，后人为之，托班固名，语多诞妄，非固书。）

建武、永平故事

明帝善刑理，法令分明，日晏坐朝，幽枉必达，内外无幸曲之私，在上无矜大之色，断狱得情，号居前代十二，故后之言事者，莫不先建武永平之政。（《明帝纪论》）

敕有司检察所当禁绝，如建武永平故事。（《顺帝纪》）

诏舆服申明旧令，如永平故事。（《桓帝纪》）

是时承永平故事，吏政尚严切，尚书决事，率近于重。（《陈

宠传》）

宜复建武故事。（《陈忠传》）

《建武故事》三卷，《永平故事》二卷，《汉建武律令故事》三卷。（《新唐书·艺文志》）

汉建武有《律令故事》上中下三篇，皆刑法制度。（《唐六典》）

南台奏事

《南台奏事》二十二卷。（《隋书·经籍志》）

《南台奏事》之类，隋人编入刑法者，以隋人见其书也。若不见其书，即其名以求之，安得有刑法意乎？《唐志》见其名为奏事，直以为故事也，编入故事类，是之谓见名不见书。（《通志校雠略》）

按《唐志·南台奏事》刑法类二十二卷，故事类九卷，两类重出，疑非一书。

马将军故事

马援条奏越律与汉律驳者十余事，与越人声明旧制以约束之，自后骆越奉行马将军故事。（《马援传》）

二 刑名考

唐律于名例之首，列笞杖徒流死五刑，明清诸律因之，其制始于曹魏。考新律序云，改汉旧律，更依古义，制为五刑。其死刑有三，髡刑有四，完刑作刑各三，赎刑十一，罚金六，杂抵罪七，凡三十七名，以为律首。汉九章律出于李悝《法经》，而《法经》中之具法，实在第六，其刑名则已详于盗贼囚捕各法，不复再于具法中重出，《晋志》所谓六篇皆罪名之制是也。《唐六典》谓商鞅传《法经》以相秦，加凿颠抽胁镬烹车裂之刑，盖当时刑制，得以天子诏令意为增减，秦之刑名，已非复李悝《法经》之旧。汉初除秦苛法，及萧何定律，其刑名仍多沿秦制，如夷三族、枭首、腰斩、弃市、宫刖劓黥、城旦鬼薪诸刑，皆本秦制也。终汉之世，代有损益，景帝改磔曰弃市。然考之王吉云敞诸传，则磔刑未尽除也。高后元年既云除夷三族罪矣，而孝文元年，复有尽除收帑相坐之令，宜不复再用此制。然考之晁错李陵各传，则皆以族诛。东汉之末，少府耿纪、司直韦晃、车骑将军董承皆以谋（曹）操不克，夷三族，是终汉世未尝除也。文帝十三年既除肉刑矣，肃宗时又诏有司绝钻钻诸惨酷之科。按钻者钻去其膑骨，即膑刑也。文帝定律当刖右趾者弃市，而明帝赎罪诏中，于死罪之下又列右趾，是刖刑未尽除也。景帝元年诏，既明言文帝除官刑矣，然《陈忠传》则又云请除蚕室刑事皆施行，而光武以后时有募下蚕室之诏。考宫刑至隋开皇初始废，是终汉世未尝除也。文帝以笞代肉刑，后世所颂为仁政者，然终汉之世，尝欲议复肉刑，迄于晋代，此论未已。盖笞者辄死，不敢复用，而减死罪一等，即入髡钳，轻重无品，仲长统崔实班固陈群诸人论之详矣。他如徙边之制，始于孝武，鞭杖之设，始于东汉，则又本非九章律所有也，作刑名考。

死刑三

按汉以死刑为重罪。《高帝纪》五年诏云，有不如吾诏者以重论之。《刑法志》景帝元年下诏曰，加笞与重罪无异。注、孟康曰，重罪谓死刑。《陈宠传》汉旧事论狱报重，常尽三冬之月，注、重、死刑也。又汉律令死刑凡六百一十，亦见《陈宠传》，此汉死刑总数之尚可考者。

枭首

枭，调斩其首而县之也。（《陈汤传注》）

枭故塞王欣头于栎阳市。（《高帝纪》）

（宣子）况枭首于市。（《薛宣传》）

枭首洛阳都亭。（《窦武传》）

按秦杀嫪毒，其徒二十人皆枭首，是枭首本秦制。

要斩

斩以铁钺，若今要斩。（《周礼·秋官·掌戮》注）

广汉竟坐要斩。（《赵广汉传》）

斫头曰斩，斩腰曰腰斩。（刘熙《释名》）

按要斩之罪，次于枭首。《武帝纪》丞相屈牦下狱要斩，妻子枭首。注、郑氏曰，妻作巫蛊，夫从坐，但要斩也。《史记》李斯具五刑，要斩咸阳市，是要斩本秦制。凡斩皆裸形伏锧《张苍传》苍坐法当斩，解衣伏锧，身长大，肥白如瓠。

弃市（磔附）

杀以刀刃，若今弃市。（《周礼·秋官·掌戮》注）

中二年改磔曰弃市。注、应劭曰，先此诸死刑皆磔于市，今改曰弃市，自非妖逆不复磔也。师古曰，磔、谓张其尸也，弃市，杀之于市也。（《景帝纪》）

吏民守阙告之，竟坐弃市。（《田广明传》）

市死曰弃市，言与众人共弃之也。（刘熙《释名》）

按《王制》刑人于市，与众弃之，弃市之制，其源久矣。《亢仓子》楚平王弃左右近习于市。《史记》昭襄王五十二年，河东守王稽坐与诸候通，弃市。注、秦法论死于市，谓之弃市。始皇制天下藏诗书及偶语弃市。汉盖沿秦制也。景帝改磔为弃市。然《云敞传》王莽杀（子）宇，诛灭卫氏，谋所联及，死者百余人，吴章坐要斩，磔尸东门市。《王吉传》凡杀人皆磔尸车上随其罪目宜示属县，是磔仍未尽废。考二世时，十公主矺死于杜，是磔亦秦制也。（《索隐》矺与磔同，古今字异）

肉刑三

今法有肉刑三。注、孟康曰黥劓二，刖左右趾合一，凡三也。

（《刑法志》）

汉法肉刑三，谓黥也，劓也，左右趾也。文帝除之，当黥者城旦舂，当劓者笞三百，当左右趾者笞五百。（《郎顗传》）

按文帝除肉刑，后世颂为仁政，然当时论者颇非之，今详列于下，以备参考。班固《刑法志》论曰，今汉承衰周暴秦极敝之流，俗已薄于三代，而行尧舜之刑，是犹以鞿而御悍突，违救时之宜矣。且除肉刑，本欲以全民也，今去髡钳一等转而入于大辟，以死罔民，失本惠矣。故死者岁以万数，刑重之所致也。至于穿窬之盗，忿怒伤人，男女淫泆，吏为奸臧，若此之恶，髡钳之罚，又不足以惩也。故刑者岁十万数，民既不畏，又曾不耻，刑轻之所生也。《崔实传》引《政论》云，文帝虽除肉刑，当劓者笞三百，当斩左趾者笞五百，当斩右趾者弃市，右趾者既殒其命，笞挞者往往至死，虽有轻刑之名，其实杀也。当此之时，民皆思复肉刑。以此言之，文帝乃重刑，非轻之也。《意林》引《物理论》云，汉太宗除肉刑，匹夫之仁也，非天下之仁也，不忍残人之肢体，而忍杀人。盖当时之论如此。至于汉末，复肉刑之说渐盛。荀悦《申鉴》，肉刑古也，或曰，复之乎？曰，古者人民盛焉，今也至寡，整众以威，抚寡以宽，道也，复刑非务必也，生刑而极死者，复之可也。自古肉刑之除也，斩右趾者死也，惟复肉刑，是谓生死而息民。《孔融传》论者多欲复肉刑，融乃建议曰，被刑之人，虑不生全，志在思死，类多趋恶，莫复归正。夙沙乱齐，伊戾祸宋，赵高英布，为世大患，不能止人遂为非也，适足绝人还吾善耳。虽忠如鬻拳，信如卞和，智如孙膑，冤如巷伯，才如史迁，达如子政，一罹刀锯，没世不齿。故明德之君，远度深惟，弃短就长，不苟革其政者也。朝延善之，卒不改焉。《魏志·陈群传》太祖议复肉刑，群对曰：臣父纪以为汉除肉刑而增加笞，本兴仁侧，而死者更众，所谓名轻而实重者也。名轻则易犯，实重则伤民。且杀人偿死，合于古制，至于伤人，或残毁其体而裁翦毛发，非其理也。若用古刑，使淫者下蚕室，盗者刖其足，则永无淫放穿窬之奸矣。夫三千之属，虽未可悉复，若斯数者，时之所患，宜先施用。汉律所杀殊死之罪，仁所不及也，其余逮死者，可易以肉刑。如此，则所刑之与所生，足以相贸矣。今以笞死之法，易不杀之刑，是重人肢体而轻人躯命也。时钟繇与众议同，王朗及议者多以为未可行，太祖深善繇言，以军事未罢，顾众议，故且罢。《钟繇传》繇以为古之肉刑，更历圣人，宜复施行，以代死刑。议者以为非悦民之道，遂寝。马端临《文献通考》论之曰，自孝文立法，以笞代劓剕，而笞数太多，反以杀人，后虽减笞数，定箠令，然笞者犹不免于死，于是遂以笞为死刑；其不当死者，则并不复笞之。如孝章以来，屡有宽刑之诏，俱言减死一等者勿笞徙边，盖惧其笞则必至于死也。然斗狠伤人与奸盗不法之徒，若抵以死则太酷，免死而止于髡钳，则裁翦其毛发，而略不罹箠楚之毒，又太轻矣。则曷若斟酌笞数，使其可以惩奸而毋至于杀人，乃合中道，而肉刑固不必议复矣。

又按《论衡·谢短篇》云，今九章象刑，非肉刑也。《言毒》篇云，方今象刑，象刑重者，髡钳之法也。意者文帝废肉刑之后，改称象刑欤？考《荀子·正论篇》云，治古无肉刑，而有象刑，墨黥怪慅，共艾毕，非绁屦杀赭衣而不纯。《初学记》引《白虎通》五帝画象者，其服象五刑也，犯墨者蒙巾，犯劓者赭其衣，犯膑者以墨幪其膑处而画之，犯富者屦扉，犯大辟者布衣无领。又见《尚书大传》及《通典》引《孝经纬》，汉人解象刑，大都如是。文帝虽除肉刑，以笞代之，改称象刑，非其义也。王充生汉末，其言必有所本，姑录以备考。

又按王棠《知新录》云，孝文诏谓有肉刑三，而注家谓黥劓斩止三事，但诏中断支体是指斩止，割劓刻肌肤是指黥，终身不息是指宫刑，只不言大辟，当是肉刑四，何以言肉刑三也。考《晁错传》除去阴刑，注、张晏曰，宫刑也。沈氏《刑制分考》云，文帝除肉刑在十三年，错对策在十五年，肉刑不用，除去阴刑，分为二事，似文帝之除肉刑与除宫刑非一时事。此说极确。盖必宫刑已废，故曰肉刑三耳。梁玉绳《史记志疑》以劓刖宫为三肉刑，谓黥刑至轻，不应数之，尤臆断不足信。

宫

汉除肉刑，宫刑犹在。（《尚书·吕刑正义》）

宫者，丈夫割其势，女子闭于宫中，今宦男女也。（《周礼·秋官·司刑》注）

宫者，女子淫，执置宫中不得出也；丈夫淫，割去其势也。（《白虎通》）

蚕室谓腐刑也，凡养蚕者欲其温而早成，故为密室，畜火以置之，而新腐刑亦有中风之患，须入密室，乃得以全，因呼为蚕室耳。（《张安世传注》）

按《尚书·吕刑》宫辟疑赦。注、宫、淫刑也，男子割势，女子幽闭。马国翰《目耕帖》载椓窍之法，用木槌击妇人胸腹，即有一物坠而掩闭其牝户，只能溺便，而人道永废矣，是幽闭之说也。其解幽闭，与古说不同，姑录之以广异闻。

文帝除肉刑而宫不易。注、张斐曰，以淫乱人族类，故不易之。（《史记·文帝纪注》引崔浩《汉律序》）

按景帝元年诏，孝文皇帝除宫刑，出美人，重绝人之世也。《史记》宫刑作肉刑，据下重绝人之世云云，宫字不误，是宫刑文帝已除之矣。然考之各传，如《李延年传》当坐腐刑，《周嘉传》高祖父燕当下蚕室，《陈忠传》忠请除蚕室刑，既云文帝除之矣，何又有坐此罪者，又有请除此刑者？意者，除之未久而复欤？果尔，则汉肉刑当有四也。

死罪欲腐者许之。（《景帝纪》）

按宫即《吕刑》之椓，始于有苗，周时公族无刑宫。《史记集解》引《三辅故事》云，始皇时隐宫之徒至七十二万，是宫刑其来已久。《尚书·吕刑注》，宫，次死之刑也。司马迁《报任少卿书》其次剔毛发，婴金铁，受辱，谓髡刑也，其次毁肌肤，断支体，受辱，谓肉刑也，最下腐刑极矣，谓宫刑也。是宫刑本为次死之罪。自景帝立此令后，至武帝时，司马迁以李陵降匈奴，张安世兄贺以卫太子宾客，皆下蚕室。

光武二十八年三十一年，诏死罪系囚，皆一切募下蚕室，女子宫。明帝永平八年，诏大逆无道殊死者，一切募下蚕室。章帝建初七年，元和元年，章和元年，诏犯殊死，一切募下蚕室，其女子宫。和帝永元八年，诏犯大逆，募下蚕室女子宫。终汉之世，时以宫刑代死罪，皆沿景帝定制也。

刖右趾

文帝时废当斩右趾者弃市。

趾、足也，当斩右足者，以其罪次重，故从弃市。（《刑法志注》）

右趾谓刖其右足。（《明帝纪注》）

繇言于明帝曰，宜如孝景之令，当弃市欲斩右趾者许之。

（《魏志·钟繇传》）

按明帝永平十五年诏，赎死罪缣四十匹，右趾髡钳城旦舂十匹，完城旦至司寇五匹。章帝建初七年，章和元年诏，均列右趾罪名，然《汉书》不载景帝有此令，繇生于汉季，其言当有所本。《旧唐书·刑法志》戴胄魏征言旧律令重，于是议绞刑之属五十条，免死罪，断其右趾，应死者多蒙全活。太宗寻又愍其受刑之苦，谓侍臣曰，前代不行肉刑久矣，今忽断人右趾，意甚不忍。谏议大夫王珪对曰：古行肉刑以为轻罪，今陛下矜死刑之多，设断趾之法，格本合死，今而获生，刑者幸得全命，岂惮去其一足，且人之见者，甚足惩诫。上曰：本以为宽，故行之，然每闻恻怆不能忘怀。又谓萧瑀陈叔达等曰：朕以死者不可再生，思有矜愍，故简死罪五十条，从断右趾，朕复念其受痛，极所不忍。叔达等咸曰：古之肉刑，乃在死刑之外，陛下于死刑之内，改从断趾，便是以生易死，足为宽法。上曰：朕意以为如此，故欲行之。又有上书言此非便，公可更思之。其后蜀王法曹参军裴弘献又驳律令不便于时者四十余事，太宗令参掌删改之，弘献于是与（房）玄龄等建议，以为古者五刑，刖居其一，及肉刑废，制为死流徒杖笞，凡五等，以备五刑，今复设刖足，是为六刑，减死在于宽弘，加刑又加烦峻，乃与八座定议奏闻。于是又除断趾法，改为加役，流三千里，居作二年。

又按《周礼》刖罪五百，《左传》刖强钽，《家语》季羔为卫士师，刖人之足，刖盖本周制。《韩非子》楚人和氏得玉璞楚山中，献之厉王，王以和为诳而刖其左足。武王即位，和又奉其璞而献之武王，王又以和为诳而刖其右足。是刖有左右足之别，在六国时已如此。

刖左趾

文帝时废当斩左趾者笞五百。景帝元年减为三百，六年又减为二百。

按汉时尚有以钛左右趾代刖之制。《食货志》私铸铁器鬻盐者，钛左趾。《刑法志注》、臣瓒曰，文帝除肉刑，皆有以易之，故以完易髡，以笞易劓，以钛左右趾易刖。《史记·平准书》钛左趾，注、钛踏脚钳。张斐《汉晋律序》云，状如跟衣，著足下，重六斤，以代刖。考《光武帝纪注》引《苍颉篇》云，钳钛也；前书《音义》，钛、足钳也。《朱穆传》臣愿黥首系趾，注、系趾，谓钛其足也，以铁著足曰钛。《陈万年传注》，钛在足，以铁为之。魏武帝定甲子科，犯钛左右趾者易以斗械，是时乏铁，故易以木，事见《晋志》。

笞者箠长五尺，其本大一寸，其竹也末薄半寸，皆平其节，当笞者笞臀，毋得更人，毕一罪乃更人。注、如淳曰，然则先时笞背也。（《刑法志》）

汉时笞则用竹，今时则用楚。（《唐律疏义》）

按《御览》引《楚汉春秋》曰，上败彭城，降人丁固追，上被而顾曰，丁公何相逼之甚，乃回马而去。上即位，欲陈功，上曰，使项氏失天下，是子也，为人臣用两心，非忠也，使下吏笞杀之。是汉初已用笞，不始于文帝。史记《范睢传》魏齐使舍人笞击睢，折胁折齿。《张仪传》楚相亡璧，意疑盗，执掠笞数百。则六国时已常用之。《唐六典注》载晋时刑制有髡钳五岁刑笞二百，以笞附入髡钳，梁律同之。隋志载北齐律刑有五岁四岁三岁二岁一岁之差，各加鞭一百，其五岁者又加笞八十，四岁者六十，三岁四十，二岁者二十，惟一岁者无笞，则以笞附入五岁以下二岁以上诸刑。后周以笞附加于徒刑。其以笞为五刑之一，自隋开皇律始，唐因之，沿宋明清不改。然汉文以笞易肉刑，则笞为独立刑名，同于隋制，惟终汉之世，恒视笞为死刑，不轻用之。《桥玄传》时上邽令皇甫祯有臧罪，玄收考髡笞，死于冀市，一境皆震。《襄楷传注》引谢承后书，岑晊捕（张）子禁笞杀之，此可为笞易致死之证。其见于《汉书》各传者，仅《耿夔传》元初元年坐征下狱，以减死论笞二百，他不概见。盖执法者苟非欲抵之于死，恒不行笞，而孝章以后，且时有勿笞之令，是则汉虽有笞刑，仍不常用也。景帝减笞为二百，然以他书考之，则中叶以后，此令渐弛。《东观汉记·郅恽传》芒守丞韩龚受大盗丁仲钱，阿拥之，加笞八百，不死。《御览》引《益部耆旧传》杜真兄事同郡翟酺，酺后被系狱，真上檄章救酺，系狱，笞六百，竟免酺难。此犯笞之所以恒致死也。《唐律疏义》今律之累决笞杖者，不得过二百，盖循汉制。

劓

文帝时废当劓者笞三百，景帝元年减为二百，中六年又减一百。

按《周礼》劓罪五百。楚策王使劓之，毋使逆命。《御览》引《楚汉春秋》王疆数言事，有告之者，下廷尉劓。汉初盖沿旧制，迄文帝而废。

黥

文帝时废当黥者髡钳为城旦舂。

按《史记》太子犯法，卫鞅黥其师公孙贾，黥布秦时为布衣，及壮坐黥，汉盖沿秦制。《御览》引晋令奴婢亡黥两眼，《梁书》

除黥面之刑，《宋史·刑法志》窃盗满七贯者决杖黥面，隶牢城。文帝虽废黥，而六朝以后仍相沿用之，特不列为刑名耳。

髡刑 五岁刑 髡钳□城旦舂

男髡钳为城旦，女为舂，皆作五岁。（《汉旧仪》）

凌为长，遇事髡刑五岁，当道扫除。（《魏志·王凌传注》）

钳以铁束颈也。（《高祖纪注》）

钳在颈，以铁为之。（《陈万年传注》）

以铁锴头曰钳，锴足曰钛，剃发曰髡。（《急就篇颜注》）

城旦，轻刑之名也，昼日伺寇虏，夜暮筑长城，故曰城旦。（《韩稜传注》）

按《刑法志》穿窬之盗公怒伤人，男女淫泆，吏为奸臧，若此之恶，髡钳之罚，又不足以惩云云，是汉时此等罪名皆处五岁刑也。《书钞》四十五引《风俗通》云，秦始皇遣蒙恬筑长城，徒士犯罪止依鲜卑山，后遂繁，悉令皆髡头衣赭。《史记·始皇本纪》烧诗书百家语，令下三十日不烧，黥为城旦，是髡与城旦，皆秦制也。《周礼》司厉女子入于舂稿，舂盖本周制。《晋志》载魏髡刑凡四等，汉无考。

又按当时定制，减死一等即入髡钳。《仲长统传》，肉刑之废，轻重无品，下死则得髡钳，下髡钳则得鞭笞。注、下犹减也。《王吉传》，惟吉以忠直数谏得减死，髡为城旦。《鲍宣传》遂抵宣罪，减死一等髡钳。《何并传》，为弟请一等之罪，愿蚤就髡钳，注、如淳曰，减死罪一等。《蔡邕传》，有诏减死一等，与家属髡钳，徙朔方。马端临《文献通考》论之曰，当时死刑至多，而生刑反少，髡钳本以代墨，乃刑之至轻者，然减死一等，即止于髡钳，加一等即入于死，而笞箠所以代剕劓者，不闻施用矣。

完刑 四岁刑 完城旦舂

完四岁。（《汉旧仪》）

诸当完者，完为城旦舂。（《刑法志》）

应劭曰，城旦者，旦起行治城，舂者，妇人不豫外徭，但舂作米，皆四岁刑。孟康曰，完不加肉刑，髡剃也。（《惠帝纪注》）

按完者，完其发也，谓去其鬓而完其发，故谓之完，见《说文》段注。《文选》王粲诗许历为完士，一言犹败秦，则六国时已有此制，不始于汉。《史记索隐》云，汉令完而不髡日耐，是完士未免从军也。《晋志》魏完刑凡三等，汉无考。

作刑三

按《庞参传》，坐法输作若卢，《杨秉传》，秉竟坐输作左校。《晋志》载魏律有作刑三，盖沿汉制。

三岁刑 鬼薪 白粲

鬼薪者，男当为祠祀鬼神伐山之薪蒸也，女为白粲者，以为祠祀择米也，皆作三岁。（《汉旧仪》）

应劭曰，取薪给宗庙为鬼薪，坐择米使正白为白粲，皆三岁刑。（《惠帝纪注》）

鬼薪白粲，皆三岁刑也。男子为鬼薪，取薪以给宗庙，女子为白粲，使择米白粲粲然。（《宣帝纪注》）

斩伐材木斫株根。注、言徒役之人给此事也。（《急就篇》）

按《史记·秦皇本纪》嫪毒作乱，讨诛之，其徒皆枭首车裂，轻者为鬼薪，是鬼薪本秦制也。

二岁刑 司寇作

司寇男备守，女为作，如司寇，皆作二岁。（《汉旧仪》）
满二岁为司寇。（《刑法志》）
司寇二岁刑，输作司寇，因以名焉。（《张皓传注》）
司寇，刑名也，前书曰，司寇二岁刑。（《鲁丕传注》）
鬼薪白粲已上，皆减本罪各一等，输司寇作。（《章帝纪》）

按周寿昌《汉书注校补》云，司寇始见《尚书洪范》三，八政六曰司寇，箕子陈禹九畴而称司寇，则夏制也。《礼记曲礼》天子之五官曰司冠，郑注，此殷时制也，而尤莫详于周。《尚书》司寇掌邦禁。《春秋左传》康叔为司寇，《周礼》秋官大司寇小司寇皆是也。至秦废周制，不称司寇，名大李，（李一作理），一名廷尉。汉承秦制，有廷尉无司寇，司寇是罪名，非官名。

又按汉制，四岁刑至二岁刑，统称为耐罪。《史记·淮南王安传注》，苏林曰，二岁以上为耐，耐能任其罪。观《功臣表》朝阳侯华当耏为鬼薪，深泽侯赵修有罪，耏为司寇，可证也。耐或作耏，《说文》耏字下段注云，耐之罪轻于髡，髡者剃发也，不剃其发，仅去须鬓，是曰耐，亦曰完，谓之完者，言完其发也。《高帝纪注》应劭曰轻罪不至于髡，完其耏鬓，故曰耏，古耐字从彡，发肤之意也。杜林以为法度之字皆从寸，后改如是。

如淳曰，耐犹任也，任其事也。《礼记·礼运》注，耐古能字，疏、古者犯罪以髡其须，谓之耐罪，故字从寸，寸为法也，不亏刑体，犹堪其事，故谓之耐。《陈宠传》耐罪千六百九十八，此汉时耐罪总数之尚可考者。《唐六典》载晋刑制二岁刑以上为耐罪，则晋时犹沿此制。

一岁刑 罚作（隶臣附） 复作（隶妾附）

男为戍罚作，女为复作，皆一岁。（《汉旧仪》）

任之以事，若今时罚作。（《周礼·秋官·司圜注》）

苏林曰，一岁为罚作。（《史记·淮南王安传注》）

云中守魏尚削爵罚作之。（《史记·冯唐传》）

非沮宝货，民罚作一岁。（《食货志》）

李奇曰，复作者，女徒也，谓轻罪男子守边一岁，女子软弱不任守复，令作于官，亦一岁，故谓之复作徒也。（《宣帝纪注》）

戚圉侯季信坐为太常纵丞相侵神道，为隶臣。注、师古曰，《刑法志》一岁为臣妾，然则男子为隶臣，女为隶妾也。（《功臣表》）

卤侯张胜，孝文四年有罪为隶臣。（同上）

按《功臣表》武阳侯萧胜坐不斋，耐为隶臣；襄城侯韩释之坐诈疾不从，耐为隶臣。汉制，二岁以上为耐。盖隶臣妾有一岁二岁两种，故表以耐字别之。《周礼·司厉》男子入于罪隶。《左传》斐豹隶也，著于丹书，注、豹犯罪，没为官奴隶，盖本周制。

又按汉时输作之制，有可考者，《急就篇》输属诏作溪谷山，注云，输属、言配入其处也，诏救别有作输作配于溪谷及山徒之役也。笰簌起居课后先，注云、笰、吹鞭也，簌、吹箫也，起居、谓晨起夜卧及休食时也，言督作之司，吹鞭及竹箫，为起居之节度，又校其程课，先者免罚，后者惩责也。汉输作之制盖如此。

又按《艺文类聚》四、引魏武帝《明罚令》，犯者家长半岁刑，主吏百日刑。《御览》五百九十八引《廷尉决事》，冒名渡津，廷尉平裴谅议赵礼一岁半刑，张策半岁刑。是此外尚有一岁半刑半岁刑百日刑三种，疑系当时加减之例，今不可考。

赎刑

古之赎罪，皆用铜，汉始改用黄金，但少其斤两，令与铜相敌。（《尚书·舜典·正义》）

赎死金二斤八两。（《淮南王安传》）

按《晋志》载魏赎刑凡十一等，晋赎刑金等不过四两，赎死金二斤，据此知与晋相差八两，他不可考。唐律绞斩赎铜一百二十斤。

今律令赎罪以下二千六百八十一。（《陈宠传》）

按《舜典》金作赎刑，《吕刑》罚锾，《国语》管仲制重罪赎以犀甲，轻罪赎以鞼盾，是赎刑其来已久。汉初承秦苛法之余，未有赎罪之制。《惠帝纪》民有爵，得买爵三十级以免死罪，应劭注、一级直钱二千，凡为六万，是为汉用赎罪之始。《贡禹传》，孝文皇帝时，亡赎罪之法，故令行禁止，武帝始临天下，使犯法者赎罪。《武帝纪》太始二年，募死罪人赎钱五十万减死。然是皆偶一行之，不为永制。《萧望之传》京兆尹张敞上书，愿令诸有罪非盗受财杀人及犯法不得赦者，皆得差入谷□此八郡赎罪。事下有司，望之以为如此则富者得生，贫者独死，是贫富异刑而法不一也。闻天汉四年，常使死罪入五十万钱，减死罪一等，豪强吏民，请托假贷，至为盗贼以赎罪，此使死罪赎之败也，遂不施敞议。是武帝之制，至宣帝时已不行也。赎罪之行，盖盛于东汉。明帝即位，诏天下亡命殊死以下听得赎论，死罪入缣二十匹，右趾至髡钳城旦舂十匹，完城旦舂至司寇作三匹。永平十五年，改赎死罪缣四十匹，完城旦至司冠五匹。十八年，又改赎死罪缣三十匹。章帝建初七年，诏亡命赎死罪缣二十匹，与明帝即位时诏同。和帝安帝顺帝桓帝灵帝，俱有赎罪之令，自是遂为定制。

罚金

无爵罚金二斤。（《景帝纪》）

释之奏，此人犯跸，当罚金。（《张释之传》）

如淳引令甲，诸侯在国名田他县，罚金二两。（《哀帝纪注》）

按《晋志》载魏罚金凡六等，《唐六典》载晋罚金有十二两八两四两二两一两五等，汉无考。《魏志·鲍勋传》有依律罚金二斤之语，时尚承用汉律，知律固有罚金之条也。

夺爵

夺爵为士伍，免之。注、师古曰，谓夺其爵令为士伍，又免其官职，即今律所谓除名也，谓之士伍者，言从士卒之伍也。（《景帝纪》）

依律有夺爵之法。（《艺文类聚》五十一引王粲《爵论》）

按《史记·秦本纪》，武安君有罪为士伍。注、如淳曰，尝有爵而以罪夺之，谓之士伍。《汉旧仪》云，秦制二十爵，男子赐爵一级以上，有罪以减，年五十六免；无爵为士伍，年六十乃免。老有罪，各尽其刑。汉盖沿秦制。

除名

按《陈书·沈洙传》引汉律，有死罪及除名罪证明白云云，知律有此条。考《晋志》载魏罚金之下有杂抵罪七，晋律同夺爵除名，疑皆杂抵罪之类，附于罚金之后。《唐六典》载晋以赎刑罚金杂抵罪三者为赎罪。《陈宠传》有赎罪以下云云。疑汉制当与晋同。

以上所列刑名，其先后一依魏晋之例，盖汉初袭用秦制，及文帝除肉刑，其刑名已非复《九章》之旧。景帝以后，代有损益，且《九章》沿秦《法经》，不载刑名，魏始集罪例以为刑名，冠于律首，故多沿汉制，本篇即依之以为次第。其为汉制所有而不敢以意为先后者，别为附录，列于下方。

夷三族

昔高祖令萧何作九章之律，有夷三族之令。（《崔实传》）

当三族者，皆先黥劓斩左右趾笞杀之，枭其首，菹其骨肉于市；其诽谤詈诅者，又先断舌，故谓之具五刑。彭越韩信之属，皆受此诛。至高后元年，乃除三族罪，其后新垣平为逆，复行三族之诛。（《刑法志》）

温舒受员骑钱他奸利事，罪至族，自杀，其时两弟及两婚家，亦各自坐他罪而族。光禄勋徐自为曰，悲夫，夫古有三族，而王温舒罪至同时而五族乎！（《王温舒传》）

汉族诛之法，每轻用之。袁盎陷晁错，但云方今计独有斩错耳，景帝使丞相以下劾奏，遂至父母妻子同产无少长皆弃市。主父偃陷齐王于死，武帝欲勿诛，公孙弘丞相争之，遂族偃。郭解客杀人，吏奏解无罪，公孙大夫议欲族解。且偃解二人本不死，因议者之言，杀之足矣，何遽至族乎？用刑之滥如此！（《容斋随笔》）

按《史记·秦本纪》，文公二十年，初有夷三族之罪。《杨终传》秦政酷烈，一人有罪，延及三族，是夷三族，本秦制也。解三族有二说：张晏注，父母兄弟妻子也。如淳曰，父族母族妻族也。考《刑法志》，孝文元年诏丞相大尉御史，今犯法者已论，而使无罪之父母妻子同产坐之及收，朕甚勿取。《李陵传》于是族陵家，母弟妻子皆伏诛。据此，是三族者即父母妻子同产也。如淳说非。仲尼燕居三族。注、父子孙也。《仪礼·士昏礼注》，三族谓父昆弟、己昆弟、子昆弟、郑说三族亦如此。后书肃宗纪，元和元年诏曰，一人犯罪，禁至三属。贤注、即三族也，谓父族母族妻族，盖承如淳之谬。杜氏《汉律辑证》尝辨之。

徙边

永平八年，募郡国中都官死罪系囚，减死一等，勿笞，诣度辽将军营，屯朔方五原之边县，妻子自随，便占著边县，父母同产欲相代者，恣听之。（《明帝纪》）

按永平十六年、章帝建初七年、和帝永元八年、安帝元初二年及冲帝桓帝时，俱有徙边之令。

章和元年，赦天下系囚减死罪一等，勿笞，诣金城，而文不及亡命未发觉者。躬上封事，言死罪已下，并蒙更生，而亡命捕得，独不沾泽，臣以为赦前犯死罪而系在赦后者，可皆勿笞，诣金城，以全人命，有益于边。肃宗从之。（《郭躬传》）

汤前有讨郅支单于功，其免汤为庶人，徙边。（《陈汤传》）

球送洛阳狱，诛死，妻子徙边。（《阳球传》）

汉武时，启河右四郡议诸疑罪而谪徙之。（《魏书·刑罚志》）

蔡邕徙朔方报杨复书云，昔此徒者，故城门校尉梁伯喜、南郡太守马季长，或至三岁，近者岁余，多得旅返。（《书钞》卷四十五）

马融为南郡太守，坐许大将军梁冀，竟髡徙朔方。（《御览》

六百四十引《三辅决录》）

按《史记·始皇本纪》发诸尝逋亡人赘婿贾人略取陆梁地，为桂林象郡南海以适遣戍。司马迁《报任安书》云，不韦迁蜀，世传《吕览》，则迁徙亦秦制也。

督

坐养皇曾孙不谨，督笞。（《丙吉传》）

有论罪，输掌畜官，使斫莝，责以员程，不得取代，不中程，辄笞督。（《尹翁归传》）

按师古注，督谓视察之。吴仁杰《两汉刊误补遗》云，督为决罚之名，由汉以来用之，梁陈犹尔也，唐因隋旧，凡督罚鞭杖之制，并废不用，颜氏有不及知，故言督以察视为义。《说文》督祋二文同笃音，督、察也，祋、击物也，盖古字少，故以督为祋。据此、知师古注误。沈钦韩《汉书疏证》亦尝辨之。

鞭杖

兴平元年，帝使侯汶出太仓米豆，为饥人作糜粥，经日而死者无数，帝疑赋恤有虚，亲于御坐前量试，乃知非实。于是尚书令以

下，皆诣省阙谢，奏收侯汶考实，诏曰不忍致汶于理，可杖五十。（《献帝纪》）

明帝性褊察，好以耳目隐发为明，又引杖撞郎，朝廷竦慄。（《循吏传注》）

是时大司农刘据以职事被谴，召诣尚书，传呼促步，又加以捶扑。雄上言，九卿位亚三事，班在大臣，行有佩玉之节，动有庠序之仪，孝明皇帝始有扑罚，皆非古典。帝从而改之，其后九卿无复捶扑者。（《左雄传》）

丁邯字叔春，选邯为郎，托疾不就，诏问实病否耶，对曰，实不病，耻以孝廉，为令史职耳。世祖怒曰，虎贲减头杖之数十。（《书钞》四十五引《三辅决录》）

明帝勤于吏事，苛察愈甚，或于殿前鞭杀尚书郎。（《御览》六百四十九引《汉晋春秋》）

郎有杖，起自后汉，尔时郎官位卑，亲主文案，与令史不异，是以古人多耻为此职。（《南史·萧琛传》）

按《尚书》鞭作官刑，左传鞭徒人费、鞭师曹三百，其源甚古。汉有鞭杖，始于世祖，然亦仅施之郎官，与六朝隋唐以鞭杖列为五刑者异，盖《九章》原无此制也。

顾山

元始元年，天下女徒已论，归家，顾山钱，月三百。注、师古曰，谓女徒论罪已定，并放归家，不亲役之，但令一月出钱三百以雇人也。（《平帝纪》）

其相伤者，常加二等，不得顾山赎罪。（《桓谭传》）

按顾山之制，始于平帝，原非《九章律》所有，魏以后此制无闻矣。

禁锢

元和元年，诏曰，一人犯罪，禁至三属，莫得垂缨士宦王朝，如有贤才而没齿无用，朕甚怜之，非所谓与之更始也，诸以前妖恶禁锢者，一皆蠲除之。注、三属谓父族母族及妻族。（《章帝纪》）

免官禁锢，爰及五属。注、谓斩衰齐衰大功小功缌麻也。（《党锢传》）

安帝初，清河相叔孙光坐臧抵罪，遂增锢二世，衅及其子。注、二代谓父子俱禁锢。（《刘恺传》）

素所厚者，皆免废锢。注、师古曰，终身不得仕。（《息夫躬传》）

建初元年，大旱，肃宗召显问曰：旱既大甚，将何以消复灾眚？

对曰：臣前在汝南，典理楚事，系者千余人，恐未能尽当其罪，宜一切还诸徙家属，蠲除禁锢。帝纳其言。（《鲍昱传》）

永初中、陈忠上言解臧吏三世禁锢，事皆施行。（《东汉会要》）

按《左传》，成公时屈巫奔晋，子反请以重币锢之；又襄三年，会于商任，锢栾氏也，禁锢盖本周制。文帝侍贾人赘婿及吏坐臧者，皆禁锢不得为吏。及东汉，则臧吏禁锢，并及子孙。殇帝延平元年，诏自建武以来，诸犯禁锢，诏书虽解，有司持重，多不奉行，其皆复为平民。是当时一经禁锢，虽遇解放，仍不得为平民也，驯至党锢祸起，汉遂以亡。

三 律文考

宋王应麟作《汉制考》，引汉律令之见于《周礼》郑注及《说文》者凡二十余条，又著《汉艺文志考证》，于法家增汉律汉令二种，皆《汉志》所未著录，并杂引汉律令文以证之，是为后人考证汉律之始。后沈钦韩作《汉书疏证》，引汉律见于《史汉注》者凡十余条。同光间山阴汪瑔氏著《松烟小录》，亦杂引汉律令，然所征引者，许氏《说文》而已。吴县孙传凤《洨民遗文》，所考较详，以吏户礼兵刑工杂七者分隶之，计吏律十条，户律七条，礼律七条，兵律三条，刑律十一条，工律四条，杂律四条；又定罪之次二条，凡四十七条，皆有律无令。此前人引证汉律之尚可考者，其辑为专著者，薛允升刑部有《汉律辑存》一书，庚子之乱毁于火，其书不传。（沈家本《薛大司寇遗稿序》云，传闻为某舍人所获，秘不肯出）。今所见者，惟巴陵杜贵墀之《汉律辑证》，虽征引仍多未备，且杂糅律令为一，不足豁阅者之目，然考汉律者，当推此为最善本矣。近人富平张鹏一有《汉律类纂》之作，强以已意窜定律目律文，识者讥之。兹篇所考，专以佚文为主，凡得百八十五条，其体例先律目，次律文，次令，次军法，（《唐六典》载晋令有《军法》六篇，是军法亦令也），纪传表志及他书有可资旁证者，则各附于后，唐律有明文者，亦并及之，或亦寻流溯源之一助云尔。作律文考。

律目（凡三十一条）

劫略（盗律）

攻恶谓之略。（《晋书·刑法志》引张斐《律表》）

元光五年，嗣侯陈何坐略人妻弃市。鸿嘉三年嗣蒲侯苏夷吾坐婢自赎为民后略以为婢，免。（《功臣表》）

按《唐律》略人在贼盗四。

恐猲（盗律）

将中有恶言为恐猲。（《晋书·刑法志》引张斐《律表》）

元狩三年，平城侯礼坐恐猲取鸡，以令买偿，免。元鼎三年嗣葛魁侯戚坐缚家吏，恐猲受赇，弃市。师古注、猲、以威力胁人也，赇、枉法以财相谢。鸿嘉三年，嗣侯德天坐恐猲国人受赇臧

五百以上，免。建昭四年，籍阳侯显坐恐猲国民取财物免。（《王子侯表》）

按唐律、恐猲取人财物在贼盗三。

和卖买人（盗律）

建武二年，诏民有嫁妻卖子欲归父母者，恣听之，敢拘执者论如律。建武七年，诏吏人遭饥乱，及为青徐贼所略为奴婢下妻欲去留者，恣听之，敢拘制不还，以卖人法从事。（《光武纪》）

按《通典》卷一百六十七，载后魏律掠人和卖为奴婢者死，又卖子一岁刑，五服内亲属在尊长者死，卖周亲及妾与子妇者流。唐律略卖人和同相卖，俱在贼盗四。

受所监受财枉法（盗律）

吏坐受赇枉法。（《刑法志》）

赇以财物枉法相谢也。（《说文》贝部）

受赇枉法忿怒仇。注、以财求事曰赇，言受人财者，枉曲正法，忿怒良直，反为仇雠也。（《急就篇》）

事曲则谄意以行赇。（《潜夫论》）

按《唐律》监主受财枉法，在职制二。

勃辱强藏（盗律）

还赃畀主（盗律）

按唐《名例律》，取与不和，若乞索之赃，并还主，又诸以赃入罪，正赃见在者还官主。《疏义》云，官物还官，私物还主。

欺谩（贼律）

违忠欺上谓之谩。（《晋书·刑法志》引张斐《律表》）

黄龙元年诏上计簿，具文而已，务为欺谩以避其课，御史察簿，疑非实者按之。（《宣帝纪》）

欺谩半言断头矣。（《朱博传》）

（孙）宏奏隆前奉使欺谩。（《杜钦传》）

朕数问君，君对辄不如其实，九卿以下，同时陷于谩欺之罪。（《薛宣传》）

甘露四年，新利侯偃坐上书谩，免。涉侯绾坐上书谩，耐为鬼薪。（《王子侯表》）

众利侯郝贤，元狩二年坐为上谷太守入成卒财物计谩，免。注、师古曰，上财物之计簿而欺谩不实。（《功臣表》）

按唐律对制上书不以实，在诈伪。

诈伪（贼律）

背信藏巧谓之诈。（《晋书·刑法志》引张斐《律表》）

诈伪律者，魏分贼律为之，历代相因，迄今不改。（《唐律疏义》）

逾封（贼律）

按李悝《法经》杂法有逾制，见《晋志》。

矫制（贼律）

诈称曰矫。（《公羊》何注）

汉家之法，有矫制。师古注、汉家之法，擅矫诏命，虽有功劳，不加赏也。（《冯奉世传》）

请归节伏矫制罪。（《汲黯传》）

石显匡衡以为延寿汤擅兴师矫制，幸得不诛，如复加爵士，则后奉使者，争欲乘危侥幸生事于蛮夷。（《陈汤传》）

自劾矫制。（《孙宝传》）

贼伐树木（贼律）

汉时界上有封树。（《周礼·地官·封人》疏）

杀伤人畜产（贼律）

按唐律，盗官私牛马杀，在贼盗三。

诸亡印（贼律）

夕阳侯邢崇孙之为贼所盗，亡印绶，国除。（《东观汉记》）

按唐律，亡失符印求访，在杂律二。

储峙不办（贼律）

设储偫。注、师古曰，谓豫备器物也。（《孙宝传》）

但以言语及犯宗庙园陵。（贼律）

按唐律指斥乘舆，在职制二，盗园陵内草木，在贼盗三。

诈伪生死（囚律）

按唐律诈病死伤不实，在诈伪。

告劾（囚律）

如今劾矣。疏劾实也。（《周礼·秋官·乡士》注）

汉世断狱谓之劾。(《尚书·吕刑正义》又见《左传疏》)

吏因责如章告劾。(《杜周传》)

诛罚诈伪劾罪人。颜注，劾举案之也。(《急就篇》)

按晋志云，魏分汉囚律为告劾律。

传覆(囚律)

张晏曰，传考证验也，爰书自证，不如此言，反受其罪，讯考三日，复问之，知与前辞同否也。(《史记·张汤传注》)

系囚(囚律)

鞫狱(囚律)

按唐律依告状鞫狱，在断狱一。

断狱(囚律)

断狱律之名，起自于魏，魏分李悝囚法而出此篇，至北齐与捕律相合，更名捕断律，至后周复为断狱律。《释名》云，狱者确也，以实囚情，咎繇造狱，夏曰夏台，殷名羑里，周日圜土，秦曰图圄，汉以来名狱。(《唐律疏义》)

假借不廉(杂律)

永平时，诸侯负责，辄有削绌之罚，其后皆不敢负民。(《潜

夫论》）

孝文三年，嗣侯陈信，坐不偿人债过六月，免。（《功臣表》）

元狩二年，嗣侯田祖坐当归轵侯宅不与，免。（《恩泽侯表》）

按唐律负债违契不偿，在杂律一。

又按《寄簃文存》云，李悝杂律，为轻狡、越城、博戏、假借、不廉、淫侈、逾制，汉贼律之逾封矫制，即杂律之逾制，此与李悝不同，其余假借不廉，仍在杂律，则轻狡、越城、博戏、淫侈四者，亦当与李悝同。今唐律惟越州镇戍等城垣在卫禁，余如博戏赌财物及诸奸罪，固仍在杂律也。

出卖呈（具律）

按《寄簃文存》云，未详其义。

上狱（兴律）

擅兴徭役（兴律）

元康元年，江阳侯仁坐役使附落，免。注、师古曰，有聚落来附者，辄役使之，非法制也。（《王子侯表》）

元鼎五年，阳平侯杜相为太常，坐擅徭太乐令论。注、师古曰，擅役使人也。（《百官公卿表》）

按唐擅兴律，有私使丁夫杂匠。

乏徭稽留（兴律）

按唐律征人稽留丁夫杂匠稽留，均在擅兴。

烽燧（兴律）

按唐律烽候不警，在卫禁二。

告反逮受（厩律）

元康四年，诏诸年八十以上，非诬告杀伤人，他皆勿论。师古注，诬告人及杀伤人，皆如旧法。（《宣帝纪》）

（王）醋等奏，（魏）愔职在匡正，而所为不端，（师）迁诬告其王，罔以不道，皆诛死。（《陈敬王传》）

赵牧诬奏恭祠祀恶言，大逆不道，恭上书自讼，朝廷令考实无征，牧坐下狱，会赦，免死。（《彭城王恭传》）

荆州刺史赵凯，诬奏璇实非身破贼，而妄有其功，璇与相章奏凯有党助，遂槛车征璇，防禁严密，无由自讼，乃噬臂出血，书衣为章，具陈破贼形势，又言凯所诬状，潜令亲属诣阙通之。诏书原璇，拜议郎，凯反受诬人之罪。（《杨璇传》）

按晋书载《魏新律序略》，有囚徒诬告人反，罪及亲属，异于善人，所以累之，使省刑息诬也云云，是可知汉时诬告，尚不过反坐，未至罪及亲属，至魏时乃加重之也。唐律诬告反坐，在斗讼三。

乏军之兴（厩律）

汝则有乏军兴之死刑。《正义》曰，兴军征伐而有乏少，谓之乏军兴。（《尚书·费誓·孔传》）

县官征聚物曰兴，今云军兴是也。疏郑举汉法况之。（《周礼·地官·旅师》注）

乏军猥逮诇谅求。注、律有乏兴之法，谓官有所兴发，而辄稽留乏其事也。（《急就篇》）

军兴而致阙乏，当死刑也。（《章帝纪注》）

坐擅斥除骑士，乏军兴，要斩。（《赵广汉传》）

按汉制乏军要斩，见《魏新律序》。

为西域都护，以擅发戊已校尉之兵乏兴，有诏赎论。（《段会宗传》）

成安侯韩延年元封六年坐为太常，行大行令事，留外国书一

月，乏兴，入谷赎完为城旦。（《功臣表》）

汉黄霸为京兆尹，发骑士诣北军，以马不适士，劾乏军兴，连贬秩。注、马少士多。（《白帖》）

按唐律乏军兴在擅兴。

上言变事（厩律）

若今时上变事击鼓矣，又若今驿马军书当急闻者，亦击此鼓。（《周礼·夏官·太仆》注）

诸上变事，皆得于县道假轺传，诣行在所，条对急政。（《梅福传》）

惊事告急（厩律）

按《晋志》，魏改汉律，以惊事告急别为惊事律。

以上律目凡三十一，均见《晋书·刑法志》引《魏新律序》，此汉律目之尚可考者。

律文（凡一百八条）

行言许受财。（《公羊》宣元年《传》何注引律　由律行言许受赂也。　《公羊》宣十年《传》《疏》引汉律，似若汉律行言许受财之类）

诸为人请求于吏以枉法，而事已行为听行者，皆为司寇。（《恩泽侯表注》如淳引律）

平丘侯王迁，地节二年坐平尚书听请受臧六百万，自杀。注、师古曰，有人私请求而听受之。（《恩泽侯表》）

嗣沈猷侯受，元狩五年坐为宗正听不具宗室，耐为司寇。注、师古曰，受为宗正，人有私请求者听之，故于宗室之中，事有不具，而受获罪。（《王子侯表》）

孝文十三年，嗣汾阴侯周意坐行赇髡为城旦。武帝建元六年嗣乐平侯卫侈坐买田宅不法有请赇吏死。（《功臣表》）

临汝侯灌贤，元朔五年坐行赋罪，国除。（《史记·功臣表》）

按《吕刑》惟来，《释文》马本作求，云有请赇也。惠定宇曰，汉律有受赇之条，即书所云惟货也；又有听请之条，即书所云惟求也。是汉律盖本周制。魏于汉盗律中分出，别为请赇律，见《晋志》。唐诸律有所请求者笞五十，已施行者各杖一百，在职制二。

主守而盗直十金弃市。（《陈万年传注》如淳引律）

师古曰，依当时律条，减直十金，则至重罪。孟康曰，法有主守盗，断官钱自入已也。（《薛宣传注》）

入为左冯翊，部督邮掾赵都，案池阳令，都得其主守盗十金罪收捕。（《冯野王传》）

宛令刘立以主守盗十金，贼杀不辜，南阳太守翟义部掾夏恢等收缚立，传送邓狱。（《翟义传》）

劾奏衡监临盗所主守直十金以上，上可其奏，勿治，丞相免为庶人。（《匡衡传》）

主守盗三千万不道，自杀。（《田延年传》）

按《史记·平准书注》，秦以一镒为一金，汉以一斤为一金。如淳曰，黄金一斤，直钱万。《惠帝纪注》，郑氏曰，凡言黄金真金也，不言黄，谓钱也。刘攽曰，诸书言若干金，则一金万钱。唐律监临主守自盗，加凡盗二等三十匹绞，在贼盗三。

敢有盗郊祀宗庙之物，无多少皆死。（《尚书·微子正义》引汉魏律）

盗宗庙服御物者为奏，奏当弃市。（《史记·张释之传》引律）

按《汉书·张释之传》不云引律，与《史记》异。

敢盗乘舆服御物。（《史记·吕后本纪集解》蔡邕引律　蔡邕《独断》引律同）

按唐律，盗大祀神御物，在贼盗三。

大逆无道要斩。（《晋书·刑法志》引汉贼律）

大逆不道，父母妻子同产皆弃市。（《景帝纪注》如淳引律）

大逆无道，错当要斩，父母妻子同产，无少长，皆弃市。（《晁错传》）

王前犯大逆，罪恶尤深，经有正义，律有明刑。注前书曰大逆无道，父母妻子同产，无少长，皆斩。（《阜陵质王延传》）

帝祖母傅太后用事，追怨参姊中山太后，陷以祝诅大逆之罪，参以同产，当相坐。（《冯参传》）

按《晋志》，魏改汉贼律大逆无道，家属从坐，不及宜父母孙，是汉时从坐，并及祖父母孙也。唐律谋反大逆，在贼盗一。

杀母以大逆论。（《通典》一百六十六引律）

按唐律，十恶四曰恶逆。注、谓殴及谋杀祖父母、父母。

杀不辜一家三人为不道。（《翟方进传》注如淳引律）

凡杀无辜十六人至一家母子三人，逆节绝理，当伏显戮。（《广川惠王传》）

按唐律，十恶五曰不道。注、谓杀一家非死罪三人，及支解人，造畜蛊毒厌魅。

敢蛊人及教令者弃市。（《周礼·秋官·庶氏》注，郑司农引贼律）

坐妻为巫蛊族。（《公孙敖传》）

后坐巫蛊族。（《赵破奴传》）

按唐律，造畜蛊毒，在贼盗二。

过失杀人不坐死。（《周礼·秋官·司刺》注，郑司农引律）。

按唐律诸过失杀伤人者，各依其法，以赎论，在阙讼三。

斗以刃伤人完为城旦，其贼加罪一等，与谋者同罪。（《薛宣

传》引律）

嗣南安侯宣千秋，孝景中元年，坐伤人，免。（《功臣表》）

南利侯昌，地节二年，坐贼杀人，免。（《王子侯表》）

彰子普，坐斗杀游徼，会赦，国除。（《东观汉记·冯彰传》）

按唐律，斗故杀用兵刃，在斗讼一。

痏痏。（《薛宣传注》应劭引律。　以杖手殴击人，剥其皮肤，肿起青黑而无疮瘢者，律谓痏痏）

传曰，遇人不以义而见痏者，与痏人之罪钧，恶不直也。（《薛宣传》）

痏、殴伤也；痏、病也。（《说文》王筠《句读》，依《文选注》，引改病为瘢字）。

殴人皮肤肿起者曰痏，殴伤曰痏。（《急就篇》颜注）

按张衡《西京赋》，所恶成疮痏，李善注，疮痏谓瘢痕，与应说无疮瘢者异，见《汉书注校补》。唐律斗殴手足他物伤，在斗讼一。

无故入人室宅庐舍，上人车船，牵引人欲犯法者，其时格杀之，无罪。（《周礼·秋官·朝士》，疏引郑司农举汉贼律）

按唐律夜无故入人家，在贼盗三。

挢诏大害要斩，有挢诏害挢诏不害。(《功臣表注》如淳引律)

乃劾（窦）婴矫先帝诏害，当弃市。（《灌夫传》）

元鼎中，博士徐偃使行风俗，使胶东鲁国，鼓铸盐铁，御史大夫张汤，劾偃矫制大害，法至死。（《终军传》）

显宗时，有兄弟共杀人，未有所归。帝以兄不训弟，报兄重而减弟死，使中常侍孙章宣诏，误言两报重，尚书奏章矫诏，当要斩。（《郭躬传》）

太初元年，浩侯王恢坐使酒泉矫制害，当死，赎罪免。（《功臣表》）

元鼎元年，宜春侯卫伉坐矫制不害，免。（《恩泽侯表》）

按《唐律疏义》云，有害，谓当言勿原而言原之，当言千匹而言十匹。唐律受制忘误，在职制一；诈为官文书增减，在诈伪。

废格。(《史记·淮南王安传注》崔浩引汉律　汉律所谓废格)

靃被等废格，明诏当弃市。注、如淳曰，谓被阁不行。（《史记·淮南王安传》）

杨可方受告缗，纵以为此乱民，部吏捕其为可使者，天子闻；使杜式治，以为废格沮事，弃纵市。（《义纵传》）

于是见知之法生，而废格沮诽穷治之狱用矣。注、如淳曰，废格天子文法，使不行也。（《食货志》）

见知废格之法起。（《盐铁论》）

建武四年，吴汉劾朱佑云，秦丰狡猾，连年固守，当伏诛灭，以谢百姓，祐不即斩截，以示四方，而废诏命，听受丰降，大不敬。（袁宏《后汉纪》）

按唐律稽缓制书，在职制一。

非始封十减二。（《宣帝纪》注张晏引律）

列侯坟高四尺，关内侯以下至庶人各有差。（《周礼·春官·冢人》注郑司农引汉律）

武原侯卫不害坐葬过律，免。（《功臣表》）

明帝时桑民摐阳侯坐冢过制，髡削。（《潜夫论》）

按《御览》五百五十七引《礼系》曰，天子坟高三雉，诸侯半之，卿大夫八尺，士四尺。又五百五十八引《白虎通》曰，春秋之义，王者坟高三仞，树以松，诸侯半之，树以柏，大夫八尺，树以栾，士四尺，树以槐，庶人无坟，树以杨柳。汉列侯坟高止四尺，已杀于周制也。

不得屠杀少齿。（应劭《风俗通怪神篇》引律）
能捕豺貀购百钱。（《说文》引汉律）
捕虎购钱三，其豹半之。（《集韵》四十五引汉律）

按《尔雅》郭注，律捕虎一，购钱三千，其豹半之，盖晋律文也。《集韵》引作汉律，盖晋与汉同。（三下当有千字）

诸囚徒私解脱桎梏钳赭，加罪一等，为人解脱，与同罪。（《酷吏·义纵传注》服虔引律）

按唐律，断狱囚自脱去及回易所著者亦如之。《疏义》谓擅自脱去枷锁杻也，诸以金刃及他物可以自杀及解脱而与因者，杖一百。

与罪人交关三日已上，皆应知情。（《孔融传》引汉律）
事博士焦永为河东太守，后以事被考，诸弟子皆以通关被系。注、交通关涉也。（《乐恢传》）
（陈咸）知云亡命罪人，而与交通，上于是下咸云狱，减死为城旦。（《朱云传》）
坐诏狱吏与囚交通抵罪。（《陈宠传》）

后（刘）勋以不轨诛，交关者皆获罪。（《魏志·司马芝传》）

死罪及除名罪证明白，考掠已至，而抵隐不服者，处当列上。（《陈书·沈洙传》引汉律）

按唐律，考囚限满不首，在断狱一。

掠者唯得榜笞立。（《章帝纪》元和三年诏引律）

《苍颉篇》曰，掠问也。《广雅》曰，榜、击也，音彭。《说文》曰，笞、击也。立、谓立而考讯之。（《章帝纪注》）

不服以掠笞定之。（《杜周传》）

盗贼系囚榜笞臀。注、榜笞箠击之也，臀脽也，获盗贼者则拘縶而捶击其脽，考问其状也。（《急就篇》）

自建武以来，虽屡有省刑薄罚之诏，然上下相胥，以苛酷为能，而拷囚之际，尤极残忍。楚王英坐反诛，其功曹陆续、主簿梁宏驷勋掠拷五毒，肌肉消烂。戴就系钱塘县狱，烧锞使就挟于肘腕，每上彭考，因止饭食不肯下，肉焦毁堕地者，掇而食之，又令卧覆船下，以马通薰之，一夜一日不死。又复烧地，以大针刺指爪，中使以杷土，爪悉堕落。（《文献通考》）

有故乞鞫。（《史记·夏侯婴传注》邓展引律）

晋灼云，狱结竟，呼囚鞫语罪状，因若称枉欲乞鞫者，许之。（《史记·夏侯婴传注》）

按汉制二岁刑以上，许以家人乞鞫，魏始除之，见《晋志》。唐律，诸狱结竟，徒以上各呼囚及其家属具告罪名，仍取囚服辨，在断狱二。

囚以饥寒而死曰瘐。（《宣帝纪注》如淳引律）

苏林曰，囚徒病律名为瘐。（《宣帝纪注》）

顷数十岁以来，州郡玩习，又欲避请谳之烦，辄托疾病，多死牢狱，长吏杀生，自己死者，多非其罪，魂神冤结，无所归诉，淫厉疾疫，自此而起。（《襄楷传》）

后平忠死狱中，朗乃自系，会赦，免官。（《寒朗传》）

按唐律，诸拷囚不得过三度，以故致死者，徒二年，在断狱一。

十二月立春不以报囚。（《章帝纪》元和二年诏引律）

王者生杀，宜顺时气，其定律无以十一月十二月报囚。（《章帝纪》）

萧何草律，季秋论囚，避立春之月。（《陈宠传》）

恭议言，十一月十二月阳气潜藏，未得用事，大辟之科，尽冬月乃断，其立春在十二月中者，勿以报囚如故事，后卒施行。

（《鲁恭传》）

按唐律，立春不决死刑，在断狱二。

罪人妻子没为奴婢黥面（《魏志·毛玠传》钟繇引汉律　又《唐会要》三十九引汉律妻子没为奴婢）

坐父兄没入为奴。（《吕氏春秋·开春论注》高诱引律）

古者从坐男女，没入县官为奴，其少才知以为奚，今之侍史官婢。疏举汉法言之。（《周礼·天官·酒人》注）

今之奴婢，古之罪人也。（《周礼·秋官·司厉》注）

私铸作泉布者，与妻子没入为官奴婢。（《食货志》）

男入罪曰奴，女入罪曰婢。（《初学记》十九引《说文》）

古制本无奴婢，即犯事者或原之，臧者，被臧罪没入为官奴婢，获者，逃亡获得为奴婢也。（《初学记》十九引《风俗通》）

按《韩非子·定法篇》，公孙鞅之治秦也，设告相坐而责其实，故秦法一人有罪，并坐其家室。《论衡》秦有收孥之法。然《公羊传》僖十九年何休注，梁君隆刑峻法，一家犯罪，四家坐之，是连坐之法，春秋时已有之，不始于秦。文帝元年，始尽除收帑相坐律令，《后汉书·梁统传》亦言文帝除肉刑相坐之法。然考《安帝纪》永初四年，诏建初以来诸託言他过坐徙边者，各归本郡，其没入官为奴婢者，免为庶人，是此法至安帝时犹行。意者但除黥面，而没为奴婢之制，则终汉世未尝废也。

齐人予妻婢奸曰姘。（《说文》女部引汉律）

嗣博成侯张建，建始四年坐尚阳邑公主与婢奸主旁，数醉骂主，免。（《功臣表》）

按《玉篇》引此文，人作民，予作与。桂氏馥曰，齐当为斋，谓斋日不近女。《广韵》斋与女交，罚金四两曰姘。《苍颉篇》男女私合曰姘。段氏曰，礼士有妾，庶人不得有妾，故平等之民与妻婢私合有罚。

淫季父之妻曰报。（《左传》宣三年杜注引汉律）

立子奸母，见乃得杀之。（《公羊桓》六年传何注引律）

弃妻畀所赍。（《礼记·杂记》下郑注引律）

按《急就篇》妻妇聘嫁赍媵僮，颜注，赍者，将持而遣之也，言妇人初嫁，其父母以仆妾财物将送之也，所赍盖，即指仆妾财物而言。

妇告威姑。（《说文》女部引汉律）

按《广雅》姑谓之威，桂氏曰，威姑，君姑也。唐律告期亲尊长，在斗讼四。

三人以上，无故群饮，罚金四两。（《文帝纪注》，文颖引律，《史记》注同）

复作。（《宣帝纪注》孟康引律）

（孟）康曰，复谓弛刑徒也，有赦令诏书去其钳钛赭衣，更犯事，不从徒加，与民为例，故当复为官作，满其本罪年月日，律名为复作也。（《宣帝纪注》）

乃募罪人及免徒须作，令居之。注、臣瓒曰，募有罪者及罪人遇赦复作竟其日月者。（《晁错传》）

河南卒戍中都官者二三千人，遮大将军，自言愿复留作一年，以赎太守罪。（《魏尚传》）

徒复作，得输粟于县官以赎罪。（《食货志》）

按此复作，不限于女徒，系指弛刑徒言之。神爵元年，中都官徒弛刑。注、李奇曰，弛、废也，谓若今徒解钳钛赭衣置任输作也。《赵充国传》时上已发三辅太常徒弛刑。注、师古曰，弛刑，谓不加钳钛者也，弛之言解也，与女徒一岁刑之复作，当别为一事。

耐为司寇，为鬼薪白粲。（《淮南王安传注》如淳引律）

一人有数罪，以重者论之。（《公羊》庄十年传何注引律。

昭六年杞伯益姑卒，疏引律同）

按《御览》六百三十五，引《尚书大传》子张曰，一夫而被此五刑，郑玄注，被此五刑，喻犯数罪，犹以上一罪刑之，是周制已如是也。唐律，二罪从重，在名例六。

亲亲得相首匿。（《公羊》闵元年传何注引律）

自首匿相坐之法立，骨肉之恩废而刑罪多，闻父母之于子，虽有罪犹匿之，岂不欲服罪尔，子为父隐，父为子隐，未闻父子之相坐也。（《盐铁论》）

地节四年，诏曰，自今子首匿父母，妻匿夫，孙匿大父母，皆勿坐。其父母匿子，夫匿妻，大父母匿孙，殊死，皆上请廷尉以闻。（《宣帝纪》）

元朔五年，临女侯灌贤，坐子伤人首匿，免。（《功臣表》）

按唐律，同居相为隐，在名例六。

先自告，除其罪。（《衡山王传》引律）

后事发觉，被诣吏自告与淮南王谋反，天子欲勿诛。（《伍被传》）

按唐律，诸犯罪未发而自首者，原其罪，在名例五。

年未满八岁，八十以上，非手杀人他，皆不坐。（《周礼·秋官·司刺》，注郑司农引今律令）

孝景后三年，诏曰，高年老长，人所尊敬也，鳏寡不属逮者，人所哀怜也，其著令，年八十以上、八岁以下、及孕者未乳，师侏儒，当鞠系者颂系之。至孝宣元康四年，又下诏曰，自今以来，诸年八十，非诬告杀伤人他，皆不坐。至成帝鸿嘉元年，定令，年未满七岁，贼斗杀人及犯殊死者，上请廷尉以闻，得减死。（《刑法志》）

诏民年七十以上若不满十岁，有罪当刑者，皆完之。（《惠帝纪》）

元始四年，定著令，妇女非身犯法，及男子年八十以上七岁以下，非坐不道诏所名捕他，皆无得系，其当验问者，即验问。（《平帝纪》）

建武三年，诏男子八十以上十岁以下，及妇人从坐者，自非不道诏所名捕，皆不得系，其当验问者即验问。（《光武纪》）

父礼与安众侯崇起兵诛莽，事泄，隆以年未七岁，故得免。（《刘隆传》）

籍受证验记问年。颜注，记问年者，具为书记，抵其本属，问年齿也。幼少老耄，科罪不同，故问年也。（《急就篇》）

按唐律，老小废疾，在名例四；请减老小，在断狱一。

罚金二斤。（《魏志·鲍勋传》引律　依律罚金二斤）

按此条事在魏明帝定律以前，时尚承用汉律。

有罪失官爵称士伍。（《史记·淮南厉王传》注如淳引律）

夺爵为士伍免之。（《景帝纪》）

皆当免官削爵为士伍，毋得宦为吏。（《淮南厉王传》）

爵减，完为城旦。注、师古曰，以其身有爵禄，故得减罪。（《薛宣传》）

悼侯周昌曾孙，沃侯国士伍，明诏复家。师古注、旧有官爵，免为士伍，而属沃侯之国也。（《功臣表》）

按《史记秦本纪》，武安君有罪为士伍，汉盖沿秦制。

繇戍。（《昭帝纪注》如淳引律）

卒更有三，践更居更过更。（《史记·吴王濞传注》引汉律）

如淳曰：更有三品，有卒更，有践更，有过更。古者正卒无常人，皆迭为之，一月一更，是谓卒更也。贫者欲得雇更钱者，次直者出钱雇之，月二千，是谓践更也。天下人皆直戍边三日，亦名为更，律所谓繇戍也，虽丞相子亦在戍边之调，不可人人自行三日戍，又行者出钱三百入官，官以给戍者，是谓过更也。（《昭帝纪注》）

秦用商鞅之法，月为更卒，已复为正，一岁屯戍，一岁力役，三十倍于古，汉兴，循而未改。注，更卒、谓给郡县一月而更者也。正卒，谓给中都官者也。（《食货志》）

古者更卒不过一月，践更五月而休。文颖云，五当为三，言一岁之中三月居更，三日戍边，总九十三日。古者役人，岁不过三日，此所谓一岁力役三十倍于古也。（《史记·项羽本纪注》）

汉初因秦法而行之，后改为谪，乃戍边一岁。（《史记·吴王濞传注》）

五年初，令戍卒岁更。（《高帝纪》）

复是岁更赋。注、更、谓戍更相代也，赋、谓雇更之钱也。（《明帝纪》）

远方之卒，守塞一岁而更。（《晁错传》）

年二十三傅之畴官，各从其父畴学之，高不满六尺二寸已下为疲癃。（《高帝纪注》如淳引律　《史记·项羽本纪集解》引父畴下有内字）

若今癃不可事不算卒可事者半之也。疏、汉时癃病不可给事不算计以为士卒，若今废疾者也，可事者，谓不为重役，轻处使之，取其半功而已，似今残疾者也。（《周礼·地官·大司徒》注）

如淳曰，《汉仪注》民年二十三为正，一岁为卫士，一岁为材官骑士，习射御骑驰战陈。又曰，年五十六衰老，乃得免为庶民，就田里，未二十三为弱，过五十六为老。师古曰，傅、著也，言著

名籍给公家徭役也。孟康曰，古者二十而傅，三年耕，有一年储，故二十三而后役之。（《高帝纪注》）

家业世世相传为畴。（《律历志注》宏祁曰，南本世世相传为畴下，有历年二十二傅之畴官，各从其父学也。按《史记集解》亦引如淳此条，但作律年二十二云云，盖引汉律文也，宋祁所见之南本作历，误。）

令天下男子年二十始傅。注、师古曰，旧法二十三，今此二十，更为异制也。（《景帝纪》）

按《文献通考》，徐氏曰，汉初民在宫三十三年，令景帝更为异制，则在宫三十有六年矣。《盐铁论》，今陛下哀怜百姓，宽力役之政，二十三始赋，五十六而免。是昭帝时又复旧制也。

人出一算，算百二十钱，唯贾人与奴婢倍算。（《惠帝纪注》应劭引汉律）

若今贾人倍算矣。（《周礼·天官·司会》注）

汉王四年八月，初为算赋。注、如淳曰，《汉仪注》民年十五以上至五十六，出赋钱，人百二十，为一算。（《高帝纪》）

六年，令女子年十五以上至三十不嫁，五算。注、应劭曰，使五算，罪谪之也。刘攽曰，予谓女子之算，亦不顿谪之，自十五至三十为五等，每等加一算也。（《惠帝纪》）

文帝偃武修文，丁男三年而一事民赋四十。注、时天下民多，故三岁一赋四十也。（《文献通考》）

建元元年，令民年八十，复二算。（《武帝纪》）

甘露三年，减民算三十。注、师古曰，一岁减钱三十也。（《宣帝纪》）

建始二年，减天下赋钱算四十。注、孟康曰，本算百二十，今减四十为八十。（《成帝纪》）

汉高帝每岁人常赋百二十钱，至孝文时，省俭减至四十，武帝事边费广，人产子三岁则出口钱，孝宣减人算三十，孝成减四十，光武有产子复以三年之算。（《汉制考》引《理道要诀》）

民不繇赀钱二十二。（《说文》贝部引汉律）

二十二当作二十三。《汉仪注》曰，七岁至十四，出口钱人二十，以供天子。至武帝时，又口加三钱，以补车骑马。《论衡谢短篇》曰，七岁头钱二十三，亦谓此也。然则民不繇者，谓七岁至十四岁。（《说文》段注）

民年七岁以至十四岁，出口钱人二十三，以供天子，其三钱者，武帝加口钱以补车骑马。（《汉旧仪》）

元平元年，诏减口赋钱，有司奏请减十三，上许之。（《昭帝纪》）

古民无赋算口钱，起武帝征伐四夷，重赋于民，民产子三岁，则出口钱，故民重困，至于生子辄杀，甚可悲痛。宜令民七岁去齿，乃出口钱，年二十乃算。天子下其议，令民产子七岁乃出口

钱，自此始。（《贡禹传》）

郑产为白土啬夫。汉末产子一岁，辄出口钱，民多不举。产乃敕民勿得杀子，口钱当自代出，言其郡县，为表上言，钱得除，更名白士为更生乡。（《水经注·湘水》下引《零陵先贤传》）

按《文献通考》云，算赋十五岁以上方出，此口赋则十五岁以前未算时所赋也。

诸当占租者，家长身各以其物占，占不以实，家长不身自书，皆罚金二斤，没人所不自占物及贾钱县官。（《昭帝纪注》如淳引律）

元狩四年，初算缗钱。注臣瓒曰，茂陵书诸贾人末作贳贷，置居邑储积诸物及商以取利者，虽无市籍，各以其物自占，率缗钱二千而一算。（《武帝纪》）

始元六年，令民得以律占租。注、师古曰，占谓自隐度其实，定其辞也，今犹狱讼之辨曰占，皆其意也。盖武帝时赋敛繁多，律外而取，今始复旧。（《昭帝纪》）

旁光侯殷坐贷子钱不占租，免。（《王子侯表》）

及其门首洒潽。（《说文》水部引汉律）

按小徐无门首二字。桂氏曰，《史记·货殖传》洒削薄技也，洒削即洒潽。段氏曰，盖谓壅水于人家门前，有妨害也。

汉中巴蜀广汉自择伏日。(《艺文类聚》卷五《风俗通》引户律)

按《御览》三十一，引《风俗通》曰，汉中巴蜀，自择伏日。俗说汉中巴蜀广汉，土地温署，草木早生晚枯，气异中国，夷狄畜之，故令自择伏日也。所引与《类聚》同，惟佚户律二字；巴蜀下铁广汉二字。兹从《类聚》。

高帝分四郡之众，用良平之策，还定三秦，席卷天下，盖君子所因者本也。论功定封，加金帛，重复宠异，令自择伏日，不同凡俗。(《初学记》四引《汉书》)

伏日万鬼行，故尽日闭，不干他事。(《和帝纪注》引《汉官旧仪》)

伏日进汤饼，名为辟恶。(《荆楚岁时记》)

按《史记》，秦德公始为伏祠，是伏日本秦制也。魏改汉律，诸郡不得自择伏日，以齐风俗，事见《晋志》，是此律魏时已废。

勒兵而守曰屯。(《史记·傅宽传》注如淳引律)

迁中郎将，将屯上谷。注、师古曰，领兵屯于上谷也。(《赵充国传》)

按《文选》鲍明远《出自蓟北门行注》，引臣瓒《汉书》注曰，律说勒兵而住曰屯，以此条为律说，未知孰是？

知虏在前，逗留不进。（《匈奴传》　知虏在前，逗留不进，皆下吏自杀。注、孟康曰，律语也）

建武十二年，诏边吏力不足战则守，追虏料敌，不拘以逗留法。（《光武纪》）

合骑侯敖、博望侯骞，坐行留当斩。（《霍去病传》）

伐匈奴，坐逗留畏懦，下狱死。（《祭彤传》）

邓鸿还京师，坐逗留失利，下狱死。注、军法逗留畏懦者斩。（《南匈奴传》）

按唐律征人稽留，在擅兴。

降敌者诛其身，没其家。（《史记·商君传》注引律）

按《周礼·秋官·司刑》，注引《尚书大传》曰，降畔者其刑死，是周制已如是。北齐立重罪十条，四曰降。

边鄙兵所臧直百钱者，当坐弃市。（《白帖》九十一，董仲舒公羊治狱引律）

胡市，吏民不得持兵器及铁出关。（《汲黯传》注应劭引律）

按唐律，赍禁物私度关，在卫禁二。

四马高足为置传，四马中足为驰传，四马下足为乘传，一马二马一轺传，急者乘一乘传。（《高帝纪》注如淳引律《盐铁论》注引同）

四马高足为传置，四马中足为驰置，下足为乘置，一马二马为轺置，急乘一马曰乘。（《史记·孝文本纪》注如淳引律）

师古曰，传者若今之驿，古者以车，谓之传车，其后又单置马，谓之驿骑。（《高帝纪注》）

师古曰，置者，置传驿之所，因名置也。宋祁曰，传、传舍，置、厩置。按《广雅》云，置驿也。（《文帝纪注》）

元始五年，征天下通知逸经古记天文历算钟律小学史篇方术本草及以五经论语孝经尔雅教授者，在所为驾一封轺传。（《平帝纪》）

为中郎将，与副使王然于等乘四传之乘，使赂西南夷。（《司马相如传》）

平乘驰传，载周勃代樊哙将。（《陈平传》）

弟子一人乘轺传徒。（《申公传》）

以太牢遣侯者乘一乘传，诣行所在。（《郊祀传》）

奉玺书使者乘驰传，其驿骑也，三骑行昼夜千里为程。（《汉旧仪》）

汉世贱轺车，而今贵之。（《意林》引《傅子》）

诸当乘传及发驾置传者，皆持尺五寸木传信，卦以御史大夫印章。其乘传参封之，参三也。有期会，累封两端，端各两封，凡四封也。乘置驰传，五封也，两端各二，中央一也。轺车二马再封之，一马一封也。（《平帝纪》注如淳引律）

其以诏使案事，御史为驾一封，行赦令，驾二封。（《汉旧仪》）

按《晋志》引《魏新律序》略云，秦世旧有厩置乘传副车食厨，汉初承秦不改，后以费广稍省，故后汉但设骑置而无车马，律犹著其文，则为处设，故除厩律，取其可用合科者，以为邮驿令。据此，是汉初旧制，至东汉已不行也。

诸侯朝天子，春朝天子曰朝，秋曰请。（《史记·窦婴传》注引律）

春曰朝，秋曰请。（《吴王濞传》注孟康引律　《和帝纪》注引汉律）

褚先生曰，诸侯王朝见天子，汉法凡当四见耳，始到入小见，到正月朔旦，奉皮荐璧玉，贺正月法见，后三日为王置酒，赐金钱财物，后二日复入，小见辞去，凡留长安，不过二十日。（《史

记·梁孝王世家》）

元狩六年，建成侯刘拾坐不朝不敬，国除。（《史记·王子侯者表》）

翕侯邯郸坐行来不请长信，免。注、如淳曰，长信，太后所居也。（《功臣表》）

重侯担、元狩二年坐不使人为秋请，免。（《王子侯表》）

丞相大司马大将军奉钱月六万，御史大夫秦月四万。（《成帝纪》注如淳引律）

真二千石，奉月二万，二千石，月万六千。（《史记·汲黯传》注、如淳引律，《史记·外戚世家》注如淳引汉律，真二千石，奉月二万）

真二千石月得百五十斛，凡得千八百石。二千石得百二十斛，凡得一千四百四十石。（《汲黯传》注如淳引律）

百石奉月六百。（《宣帝纪》注如淳引律）

古者禄皆月别给之，月奉亦月给之。（《周礼·天官·太宰》疏）

如淳曰，太守虽号二千石，有千石，八百石，居者有功德茂异，乃得满秩。师古曰，汉制秩二千石者一岁得一千四百四十石，实不满二千石也；其云中二千石者，一岁得二千一百六十石，举成数言之，故曰中二千石，中者满也。（《宣帝纪注》）

汉延平中真二千石月钱六千五百，米三十六斛。（《百官志注》引《晋百官表》注）

按后书《百官志》，百官受奉例大将军三公，奉月三百五十斛；中二千石，奉月百八十斛；二千石，奉月百二十斛；比二千石，奉月百斛；千石，奉月八十斛；六百石，奉月七十斛；比六百石，奉月五十斛；四百石，奉月四十五斛；比四百石，奉月四十斛；三百石，奉月四十斛；比三百石，奉月三十七斛；二百石，奉月三十斛；比二百石，奉月二十七斛；一百石，奉月十六斛；斗食，奉月十一斛；佐史，奉月八斛。凡诸受奉，皆半钱半谷，此汉世官率数之大较也。宣帝神爵三年，益吏百石以下奉十五。注、韦昭曰，若食一斛，则益五斗。光武建武二十六年，诏有司增百官奉，其千石以上，减于西京旧制，六百石已下，增于旧秩，此汉世官奉增减之大较也。

斗食佐史。（《惠帝纪》注如淳引律）

若今之斗食佐史除吏也。（《孟子》麻人在官者下赵岐注）

书令史斗食缺，试书佐高第补。（《汉旧仪》）

斗食，月奉一十斛；佐史，月奉八斛。（《百官公卿表》注引《汉官名秩簿》）

按秦策，范雎谓秦王曰，自斗食以上至尉内史及王左右，有非相国之人乎？是斗食本秦官。

太守、都尉诸侯内史各一人，卒史书佐各十人。（《史记·汲黯传》，注如淳引律）

郡卒史书佐各十人。（《史记·萧相国世家》，注如淳引律）

郡史主录记，书催期会，书佐干主文书。（《百官志》）

卒史秩百石。（《儿宽传》注）

营军司马中。（《赵充国传》，注如淳引律）

营军司空军中司空各二人。（《杜延年传》，注如淳引律）

都军官长史一人。（《卫青传》，注如淳引律）

都军官史一人。（《史记·卫青传》，《正义》引律）

司空主水及罪人。（《百官公卿表》注如淳引律，《史记·灌婴传》，注如淳引律）

都水治渠堤水门。（《百官公卿表》，注如淳引律）

近塞郡置尉百里一人，士史尉史各二人，巡行徼塞。（《匈奴传》，注师古引汉律）

尉大县二人，主盗贼，凡有贼发，则推寻之。（《百官志》）

蹶张士。（《申屠嘉传》注、如淳引律，《史记·申屠嘉传》注引律同）

如淳曰，材官之多力，能脚踏强弩张之。师古曰，今之弩以手张者曰擘张，以足蹋者曰蹶张。（《申屠嘉传》注）

高祖命天下郡国选能引关蹶张材力武猛者，以为轻车骑士材官楼船。（《光武纪》注引《汉官仪》）

乃为材官蹶张。（《爰盎传》）

无害都吏。（《史记·萧相国世家》注引律）

以文无害为沛主吏掾。《集解》云，有文无所枉害也；一曰无害者，如言无比，陈留间语。（《史记·萧相国世家》）

以汤为无害。注、师古曰，无害，言其最深也。（《张汤传》）

郡国秋冬遣无害都吏，案讯所主县诸囚，平其罪法，论课殿最。注、无害都吏，如今言公平吏。（《百官志》）

文吏晓簿书，自谓文无害，以戏儒生。（《论衡》）

遣都吏循行　如淳注引律说，都吏今督邮。（《文帝纪》）

按《列女·羊叔姬传》云，攘羊之事发都吏至，是都吏本周制。

矫枉以为吏。（《景帝纪》注臣瓒引律）

二千石以上告归，归宁道不过行在所者，便道之官无辞。（《冯野王传》注如淳引律）

按《文选》陆士衡《谢平原内史表》，注引如淳《汉书注》曰，律二千石以上告归宁不过行在所者，便道之官无问也，与此小异。

吏二千石有予告，有赐告。（《高帝纪》注孟康引汉律　《史

记·高祖本纪》注引汉律 《初学记》二十引汉律）

赐告，得去官归家；予告，居官不视事。（《史记·汲黯传》注）

李斐曰，休谒之名，吉曰告，凶曰宁。（《高帝纪》注）

孟康曰，古者名吏休假曰告。予告者，在官有功最，法所当得也。赐告者，病满三月，当免，天子优赐其使得带印绶，将官属归家治病。（同上）

按叶梦得《避暑录话》云，赐告予告，孟康解《汉书》以为休假之名，非也。告者，以假告于上，从之而或赐或予，故因谓之告。颜师古以为请谒之言，是也。

惧不自安，遂病满三月赐告，与妻子归杜陵，就医药。大将军（王）凤，风御史中丞劾奏野王，赐告养病，而私自便，持虎符出界归家，奉诏不敬。杜钦时在大将军幕府，奏记于凤，为野王言曰，窃见令曰，吏二千石告过长安谒，不分别予赐，今有司以为予告得归，赐告不得，是一律两科，失省刑之意。夫三最予告，令也，病满三月赐告，诏恩也，令告则得，诏恩则不得，失轻重之差。（《冯野王传》）

父子俱移病，满三月，赐告。（《疏广传》）

故事，公卿病辄赐告，至永独得即时免。（《谷永传》）

上废太子，诛栗卿之属，以绾为长者，不忍，乃赐绾告归。

（《卫绾传》）

永光五年，颍川水出流杀人民，吏从官县被害者，予告。注、师古曰，凡为吏为从官，其本县有被害者，皆予休告。（《元帝纪》）

按《高帝纪》注，至成帝时，郡国二千石赐告，不得归家，至和帝时，予赐皆绝。

吏五日得一下沐。（《初学记》二十引汉律　《御览》六百三十四引汉律）

每五日洗沐归谒亲。注、文颖曰，郎官五日一下。刘奉世曰，按霍光秉政亦休沐，然则汉公卿以下皆有休沐也。（《万石君传》）

孝景时为太子舍人，每五日洗沐。（《郑当时传》）

晋灼曰，五日一洗沐。（《杨恽传》注）

均以父任为郎，时年十五，每休沐日，辄受业博士。（《宋均传》）

稜典案其事，深竟党与，数月不洗沐。（《韩稜传》）

宣出教曰，盖礼贵和，人道尚通，日至吏以令休，所繇来久，曹虽有公职事，家亦望私恩意，掾宜从众归，对妻子，设酒肴，请邻里，壹笑为乐。（《薛宣传》）

不为亲行三年服，不得选举。（《扬雄传》注应劭引律）

博士弟子父母死，予宁三年。（《哀帝纪》）

元初中，邓太后诏长吏以下，不为亲行服者，不得典城选举，

时有上书，牧守宜同此制，诏下公卿议者以为不便。（《刘恺传》）

按《陈忠传》，元初三年，有诏大臣得行三年丧，建光中，尚书复奏请绝告宁之典，如建武故事，著于令。《刘恺传》云，旧制二千石刺史，不得行三年丧，由是内外众职，并废丧礼，是终汉之世，士人小吏得行三年丧，大臣二千石例不得行也。《通典》引后魏律，居三年丧而冒哀求仕者，制五岁刑，唐律冒哀求仕者，徒一年。

祠宗庙丹书告。（《说文》系部，引汉律）

祠袐司命。（《说文》示部，引汉律）

师古曰，司命、文昌第四星也。（《郊祀志注》）

今民间独祀司命，刻木长尺二寸，为人像，行者担箧中，居者别作小屋，齐地大尊重之。（《风俗通》）

见姅变不得侍祠。（《说文》女部引汉律　《史记·五宗世家》注引汉律）

斋日内有污染，解斋。（《礼仪志》）

稻米一斗，得酒一斗，为上尊。稷米一斗，得酒一斗，为中尊。粟米一斗，得酒一斗，为下尊。（《平当传注》如淳引律《御览》二百四引斗作蚪）

事酒，酌有事者之酒，其酒则今之醳酒也。昔酒，今之酋久白酒，所调旧醳者也。清酒，今中山冬酿接夏而成。（《周礼·天官

酒正》注)

赐养牛上樽酒十斛。(《刘隆传》)

丞相有病,皇帝法驾亲至问疾,及瘳视事,则赐以养牛上尊酒。(《御览》二百四引《汉旧仪》)

按《晋书·刘弘传》,酒用麹米而优劣三等。《齐民要术》造粱米酒法,春夏秋冬四时皆得作。笨麹一斗,杀米六斗,大率一石米用水三斗。又穄(按即稷)米酎法,笨麹不一斗,杀米六斗,计六斗米用水一斗,一石米不过一斗。醋粟米酒法,惟正月得作,余月悉不成,用笨麹,不用神麹。大率麹米一斗,水八斗,杀米一石,四酘毕,四七二十八日酒热,贫薄之家所宜用之。

会稽献藙一斗。(《说文》艸部引汉律)

会稽献藙。(《礼记》内则注引汉律)

会稽郡献鲒酱三斗。(《说文》鱼部引汉律)

会稽献鲒酱二升。(《御览》九百四十一引汉律)

按此二条,必有一误。《说文解字》无三斗字,《玉海》《汉制考》有之。《说文校议》云,升为斗之误。《逸周书·王会解》载伊尹四方献令,正东以鲗酱为献。盖古有是制,汉特著为律耳。

皮币率鹿皮，方尺直金一斤。（《史记·孝武本纪》注引汉律）

赐衣者缦表白里。（《说文》系部引汉律）

素沙者，今之白缚（今作绢）也。六服皆袍制，以白缚为里，使之章显。疏、举汉法而言，谓汉以白缚为里，似周时素沙为里耳。（《周礼·天官》内司服注）

绮丝数谓之絩，布谓之总，绶组谓之首。（《说文》系部引汉律）

乘舆黄赤绶五百首，诸侯王赤绶三百首，相国绿绶二百四十首，公侯将军紫绶百八十首，九卿、中二千石、二千石青绶百二十首，千石、六百石黑绶八十首，四百石、三百石、二百石黄绶六十首。（《舆服志》）

船方长为舳艫。（《说文》舟部引汉律）

畱田茠艸。（《说文》田部引汉律）

箄，小筐也。（《说文》竹部引汉律令）

篽（《宣帝纪》注苏林引律　折竹以绳绵连，禁御使人不得往来，律名为篽。）

诏池篽未御幸者，假与贫民。注服虔曰，篽在池水中作室，可用栖鸟，鸟入中则捕之。应劭曰，篽者，禁苑也。臣瓒曰，篽者所以养鸟也，设为藩落，周覆其上，令鸟不得出，犹苑之畜兽，池之畜鱼也。（《宣帝纪》）

严篽池田。注、苏林曰，严饰池上之屋。（《元帝纪》）

按《魏志》卷二注，载文帝令曰，池苑所以籞灾荒，设禁非所以便民，其除池籞之禁。是汉时原有是禁，至魏乃除也。

使节称汉。（《通典》八十四魏刘劭《皇后铭旌议》引汉律）

如今时使者持节矣。（《周礼·春官·典瑞》注）

今汉使者拥节。（《礼记·玉藻注》）

节以毛为之，上下相重，取象竹节，将命者持之以为信。（《高帝纪注》）

征和元年，更节加黄旄。（《武帝纪》）

节所以为信，以竹为之，柄长八尺，以旄牛尾为其眊三重。（《光武纪注》）

铸伪黄金弃市。（《楚元王传注》、如淳引律）

中六年，定铸钱伪黄金弃市律。注、应劭曰，文帝五年，听民放铸律尚未除，先时多作伪金，终不可成，而徒损费，转相诳燿，穷则起为盗贼，故定其律也。（《景帝纪》）

元狩五年，嗣侯乐买之坐铸白金弃市。（《功臣表》）

吏劾更生铸伪黄金，系当死。（《刘向传》《汉书注校补》云，此比例之误也，当时铸作黄金不成，事本创见，无科罪专条，汉律惟有铸伪黄金弃市之语，故吏引以为比，遂成死罪。《刑法志》云所欲陷则予死比，此则直予死比也）

太史试学童，能讽书九千字以上，乃得为史。又以六体试课最者，以为尚书御史，史书令史：吏民上书，字或不正，辄举刻。（《艺文志》引萧何律）

学憧十七已上，始讽籀书九千字，乃得为史，又以八体试之，郡移太史并课，最者，以为尚书史，书或不正，辄举劾之。（《说文叙》引《尉律》）

按《困学纪闻》云，《说文叙·尉律》试八体，亡新使甄丰等改定古文，时有六书。《书正义》亦云秦有八体，亡新六书。《艺文志》谓以六体试之，六体非汉兴之法，当从《说文叙》改六为八。考《魏书·江式传》，秦有八体，汉兴有《尉律》，学以八体试之，亡新居摄，使大司空甄丰校文字之部，颇改定古文，时有六书，此即王氏之说所本。

卒践更一月，休十一月。（《昭帝纪注》、如淳引《尉律》）

陈属车于庭。（《周礼》典路注，引上计律）

永初四年春正月元日会彻乐，不陈充庭车。注、每大朝会，必陈乘舆法物，举辇于庭，以年饥，故不陈。（《安帝纪》）

卑者之子，不得舞宗庙之酎，除吏二千石到六百石及关内侯到五大夫子取适子，高五尺以上，年二十到三十，颜色和身体修治者，以为舞人。（《周礼·春官·大胥》，注郑司农引汉大乐律。《百官志注》引大乐律同）

无干车，无自后射。（《周礼·夏官·大司马》注引汉田律。《秋官·士师》注引作军礼。贾疏云，无干车，谓无干犯他车，无自后射，象战陈不逐奔走）

群盗起不发觉，发觉而弗捕满品者，二千石以下至小吏主者皆死。（《酷吏杨仆传》引沈命法，又见《史记·杨仆传》）

三人谓之群，取非其物谓之盗。（《晋书·刑注志》引张斐《律表》）

御史大夫敕上计丞长史，问今年盗贼熟与往年，得无有群辈大贼，对上。（《汉旧仪》）

高阳侯薛宣，永始二年坐西州盗贼群辈免。（《恩泽候表》）

杜绶为太常，坐盗贼多，免。（《百官公卿表》）

疏、宜纠增旧科，以防来事，自今强盗为上官若它郡县所纠觉，一发、部吏皆正法，尉贬秩一等，令长三月奉赎罪；二发、尉免官，令长贬秩一等；三发以上，令长免官。（《陈忠传》）

按应劭曰，沈、没也，敢匿盗贼者没其命也。史称张汤赵禹始作监临部主见知故纵之法，此殆其一也。唐律贼盗部内有一人为盗，及容止盗者，里正笞五十，三人加一等，县内一人笞三十，四人加一等。《册府元龟》六百十六长庆二年敕云，若从沈命之科，恐失度情之义，是唐时犹用此语也。

以上汉律佚文凡一百八条。考《晋志》称汉律错糅无常，盗律有贼伤之例，贼律有盗章之文，诸书所引汉律，如官制官俸诸条，疑多属越宫朝律及旁章各篇，非萧何律所有，无从强为隶目，兹姑以类相从，略依《九章》次第以为先后，其疑属旁章以下者次之，属专律者又次之，取便观览而已。

令文（凡四十六条）

死者不可复生，刑者不可复息。（《宣帝纪》引令甲）

诸侯在国，名田他县，罚金二两。（《哀帝纪注》如淳引令甲）

有司条奏，诸王列侯得名田国中，列侯在长安及公主名田县道，关内侯吏民名田，皆无得过三十顷。诸侯王奴婢二百人，列侯公主百人，关内侯吏民三十人，年六十以上，十岁以下，不在数中。贾人皆不得名田为吏。犯者以律论，诸名田畜奴婢，过品皆没入县官。（《哀帝纪》）

丞相孔光，大司空何武奏请诸侯王列侯皆得名田国中，列侯在长安公主名田县道，及关内侯吏民名田，皆毋过三十顷。诸侯王奴婢二百人，列侯公主百人，关内侯吏民三十人，期尽三年，犯者没入官，时田宅奴婢贾为减贱。丁傅用事，董贤隆贵，皆不便也，遂寝不行。（《食货志》）

按唐律占田过限，在户婚二。

女子犯罪作如徒六月顾山遣归。（《平帝纪注》，如淳引令甲。）

令甲，女子犯徒遣归家，每月出钱，顾人于山伐木，名曰顾山。（《光武纪注》）

令甲第六。（见《后书·律历志》）

呵人受钱。（《晋书·刑法志》引令乙）

不以罪名呵，为呵人；以罪名呵，为受赇。（《晋书·刑法志》引张斐《律表》）

骑乘车马行驰道中，已论者没入车马被具。（《江充传注》如淳弘令乙）

充出，逢馆陶公主行驰道中，充呵问之。公主曰，有太后诏。充曰，独公主得行，车骑皆不得，尽劾没入官。（《江充传》）

官属以令行道中，宣出逢之，没入其车马。（《鲍宣传》）

从上甘泉，行驰道中，司隶校尉陈庆劾奏方进，没入车马。（《翟方进传》）

乘车马驰行道中，吏举苛而不止，以为盗马而罪亦死。（《盐铁论》）

植尝乘车行驰道中，开司马门出，太祖大怒，公车令坐死。（《魏志·陈思王植传》）

按秦《本纪》，始皇二十七年治驰道。注，应劭曰，驰道，天子道也。《贾山传》，秦为驰道于天下，东穷燕齐，南极吴楚，江湖之上，滨海之观，毕至，道广五十步，三丈而树，厚筑其外，隐以金椎，树以青松。是驰道本秦制。元帝著令太子得绝驰道，即指此也。

跸先至而犯者，罚金四两。（《张释之传注》如淳引令乙）

若今卫士填街跸。疏、汉仪大驾行幸，使卫士填塞街巷，以止行人，备非常也。（《周礼·天官·官正》注）

出称警，入言跸。注、师古曰，警者，戒肃也，跸、止行人也，言出入者，互文耳，出亦有跸。《汉仪注》、皇帝辇动，左右侍帷幄者称警，出殿则传跸，止人清道也。（《文三王传》）

嗣侯丙信，建元三年坐出入属车间，免。注、师古曰，天子出行陈列属车，而辄至于其间。（《功臣表》）

按唐律车驾行冲队，在卫禁一。

箠长短有数。（《章帝纪》引令丙）

诈自复免。（《晋书·刑法志》引令甲）

舍者，谓有复除不收役事也。贵者，谓若今宗室及关内侯皆复也。服公事者，谓若今吏有复除也。老者，谓若今八十九十复羡卒也。疾者，谓若今癃不可事者复之。（《周礼·地官·乡大夫》注）

今宽力役之政，二十三始赋，五十六而免，所以辅耆壮而息老艾也。（《盐铁论》）

汉之有复除，犹《周官》之有施舍，皆除其赋役之谓也。然西京时，或以从军，或以三老，或以孝悌力田，或以明经，或以博士弟子，或以功臣后，以至民产子者，大父母父母之年高者，给崇高之祠者，莫不得复，其间美意至多。至东都所复，不过济阳南顿元氏数邑，盖专为天子之私恩矣。（《东汉会要》）

按汉代复除之制，凡有数种：有因从军而复者，如高帝十二年，诏吏二千石入蜀汉定三秦者，皆世世复是也。有因丰沛或宗室而复者，如高帝十一年，令丰人徙关中者皆复终身；十二年以沛为汤沐邑，复其民，世世无有所与；文帝四年，复诸刘有属籍者家无所与是也。有因孝悌力田或高年而复者，如惠帝四年，举民孝悌力田者复其身；武帝建元元年，民年八十复二算，九十复甲卒是也。有因功臣后而复者，如元康元年，复高皇帝功臣绛侯周勃等百三十六人家，其毋嗣者复其次是也。有因博士弟子或通经而复者，如武帝为博士官置弟子五十人复其身；元帝好儒，能通一经者复是也。有因流民而复者，如地节三年，诏流民还归者且勿算事是也。甚有因入粟或入奴婢而复者，如桑弘羊令民入粟，以复终身；武帝募民能入奴婢者，得终身复是也。诈自复免，指不应复免诈为复免者而言。唐律诈自复除，在诈伪。

边郡数被兵，离饥寒，夭绝天年父子相告，令天下共给其费。（《萧望之传》引金布令甲）

不幸死，死所为椟传，归所居县，赐以衣棺。（《高帝纪注》、臣瓒引金布令）

汉王四年八月下令，军士不幸死者，吏为衣衾棺敛，转送其家。八年十一月令士卒从军死者，为槥归其县，县给衣衾棺葬具。（《高帝纪》）

毁伤亡失县官财物。（《晋书·刑法志》引金布律）

按魏晋皆有毁亡律，北齐曰毁损律，隋开皇律删毁亡，唐律弃毁官私器物，在杂律二。

罚赎入责以呈黄金为价。（同上引金布律）

皇帝齐肃，亲帅群臣，承祠宗庙，群臣宜分奉请，诸侯列侯各以民口数率，千口奉金四两奇，不满千口至五百口，亦四两皆会酎少府受。又大鸿胪食邑在九真交趾日南者，用犀角长九寸以上，若玳瑁甲一，郁林用象牙长三尺以上，若翡翠各二十，准以当金。（《礼仪志》注引汉律金布令《章帝志》注引作丁孚《汉仪式》）

诸出入殿门公车司马门乘轺传者皆下，不如令，罚金四两。（《史记·张释之传注》、如淳引宫卫令）

嗣侯魏宏、嗣侯丙显，甘露元年坐酎宗庙骑至司马门，不敬，削爵一级，为关内侯。（《恩泽侯表》）

以列侯侍祠孝惠庙，当晨入庙，天雨淖，不驾驷马车而骑至庙下，有司劾奏，削爵为关内侯。（《韦元成传》）

吏死，官得法赙。（《何并传注》、如淳引公令）

吾生素餐日久，死虽当得法赙，勿受。注、师古曰，赠终者布帛曰赙。（《何并传》）

旧典，二千石卒官，赙百万。（《羊续传》）

阴安侯高帝嫂也。（《文帝纪住》、如淳引祠令）

天子行有所之，出河，沈用白马珪璧各一，衣以缯缇五尺，祠用脯二束，酒六升，盐一升。涉渭灞泾雒他名水如此者，沈珪璧各一，律在所给祠具，及行，沈祠。佗川水先驱投石，少府给珪璧，不满百里者不沈。（《祭祀志上注》引祀令）

都船治水官。（《百官公卿表注》如淳引狱令）

若卢主治库兵将相大臣。（同上　如淳引狱令）

永光九年，复置若卢狱官。注、主鞫将相大臣也。（《和帝纪》）

若卢郎中二十人主弩射。（同上　如淳引品令）

姬并内官也，秩比二千石，位次婕妤下，在八子上。（《文帝纪注》，臣瓒引秩禄令）

按《史记·吕后本纪注》，臣瓒引此文，无并字，八子上有七子二字。

商者不农。（《黄香传》引田令）

理国之道，举本业而抑末利，是以先帝禁人二业。（《桓谭传》）

永平中，下令禁民二业，般上言郡国，以官禁二业，至有田者不渔捕。（《刘般传》）

诸当试者不会都所免之。（《燕刺王传注》、张晏引光禄挈令）

八月，太守都尉令长相丞尉会都试课殿最，水处为楼船，亦习战射行船。（《汉旧仪》）

绒。（《说文》纟部引乐浪挈令）

人有产子者，复勿算三岁。（《章帝纪》引令）

按《高帝纪》，七年令民产子复，勿事二岁。注、师古曰，勿事，不役使也，是产子者已免其役，此则并免其赋。

诸侯王朝，得从其国二千石。（《哀帝纪》引令）

吏二千石告过长安谒。（《冯野王传》引令）

诸使有制得行驰道中者，行旁道，无得行中央三丈。（《鲍宣传注》如淳引令）

诸使有制得行驰道中者，行旁道，不得行中央三丈也，不如

令，没入其车马。（《三辅黄图》引汉令）

犯法者，各以法时律令论之。（《孔光传》引令）

将以制刑为后法者，则野王之罪，在未制令前也，刑赏大信，不可不慎。（《冯野王传》）

按《通典》引此条，法时作发时。唐律犯时未老疾，发时老疾者，以老疾论；犯时幼小，发时长大者，以幼小论。

完而不髡曰耐。（《史记·赵奢传》《索隐》江遂引汉令）

蛮夷卒有額。（《说文》纟部引汉令）

蛮夷长有罪，当殊之。（《说文》歺部引汉令）

蛮夷戎狄有罪，当殊。（《史记·苏秦列传》《集解》《风俗通义》引汉令）

按《史记》注云，殊者死也，与诛同指。段氏曰，汉诏云，殊死者，皆谓死罪身首分离也，蛮夷有罪，非必执而杀之也，殊之者，绝之也。

解衣耕谓之襄。（《说文》衣部引汉令）

蹶张士百人。（《史记·申屠嘉传注》孟康引汉令　《说文》走部，引汉令，蹶作趣，无士字）

髳长。（《说文》髟部引汉令）

按《书牧誓》庸蜀羌髳微卢彭濮人。段氏曰：髳长盖如赵佗自称蛮夷大长，亦谓其酋豪也。

䰜。（《说文》鬲部引汉令　鬲，汉令作䰜）

正亡属将军，将军有罪以闻，二千石以下行法焉。（《胡建传》引军法）

吏卒斩首，以尺籍书下县移郡，令人故行不行，夺劳二岁。（《史记·冯唐传注》，如淳引军法）

按《索隐》云，尺籍谓书其斩首之功于一尺之板，故行不行，谓故命人行而身不自行。故与雇同。唐律征人冒名相代，在厩库。

行逗留畏愞者要斩。（《武帝纪注》如淳引军法）

行而逗留畏桡者要斩。（《史记·韩安国传》，注如淳引军法）

两军相当，将施令曰，斩首拜爵而屈桡者要斩，然而队阶之卒，皆不能前遂斩首之功，而后被要斩之罪。（《淮南子·氾论训》）

彤到不见虏而还，坐逗留畏愞，下狱呕血死。（《祭彤传》）

博望侯张骞，坐以将军击匈奴，畏愞当斩，赎罪免。将梁侯杨仆，坐为将军击朝鲜畏愞，入竹二万个，赎完为城旦。（《功臣表》）

按《战国齐策》，田忌战而不胜，曲桡而诛，是战国时已如是。《文选》任彦升《奏弹曹景宗》云，臣闻顾望避敌，逗桡有刑，是六朝时犹沿是制也。

五人为伍，五伍为两，两有司马，执铎。（《说文》金部引军法依《集韵韵会》引，两下补有字）

百人为卒，五人为伍。（《周礼·夏官》诸子注引军法）

父子俱有死事，得与丧归。（《灌夫传》引汉法宋祁曰，汉法浙本作军法）

有人从军屯及给事县官者，大父母父母死未满三月，皆勿徭令得送葬。《陈忠传》

以上汉令佚文凡四十六条。考汉令自令甲以下，凡三百余篇，其佚文犹时散见于各书，惟所存较之律文仅三之一。此外因大臣条奏，天子随时增订律令者，或称定令，见《刑法志》及《霍去病传》；或称著令，见《史记·平准书》《景帝成帝》各纪及《冯野王传》；或并称定著令，见《平帝纪》《吴芮韦元成传》。周寿昌《汉书注校补》云，上特定著令，则在律之外，犹今之钦定专条也。其详皆分见杂考及沿革考中，兹不录。

四 律令杂考上

汉律久佚，然《史汉》纪传表志，时得以一人一事之故，推究当时律制。郑司农注《周礼》，以汉制解经，其所称举汉法以况者，亦多属汉律。杜氏《汉律辑证》，已搜讨及之，而摭拾尚多遗漏，引证亦略。兹篇于佚文之外，旁搜博采，杂抄之又得百三十四条，逐事标目，以类相从，间引唐律，以资考证。代远无征，不复能辨其孰为律，孰为令，孰为科比也。作律令杂考。

不道

汉制《九章》，虽并湮没，其不道不敬之目见存，原夫厥初，盖起诸汉。（《唐律疏义》）

逆节绝理，谓之不道。（《晋书·刑法志》引张斐《律表》）

时御史大夫桑弘羊子迁亡，过父故吏侯史吴，会赦，侯史吴自出系狱，议者知大将军指，皆执吴为不道。延年乃奏记（霍）光，以为吏纵罪人有常法，今更诋吴为不道，恐于法深。（《杜延年传》）

师丹等劾（孙）宏误朝不道。（《杜钦传》）

以为宽饶指意欲求禮，大逆不道。（《盖宽饶传》）

博执左道，亏损上恩，以结信贵戚，背君向臣，倾乱政治，奸人之雄，附上罔下，为臣不忠不道。（《朱博传》）

左将军丹奏商执左道以乱政，为臣不忠，罔上不道。（《王商传》）

言事恣意迷国，罔上不道。（《两龚传》）

当贤良等执左道乱朝政，倾覆国家，诬罔主上，不道，皆伏诛。（《李寻传》）

劾奏胜非议诏书，毁先帝不道，下狱。（《夏侯胜传》）

坐怨望非谤政治，不道，弃市。（《严延年传》）

宣坐距闭使者，无人臣礼，大不敬，不道。（《鲍宣传》）

（萧）望之劾奏延寿上僭不道。（《韩延寿传》）

吉子显大为奸利，臧千余万，司隶校尉昌案劾，罪至不道。（《丙吉传》）

弘农太守张匡，坐臧百万以上，狡猾不道，有诏即讯。（《陈汤传》）

议者以为（韩）昌（张）猛擅以汉国世世子孙，与夷狄诅盟，令单于得以恶言上告于天，羞国家，伤威重，不可得行，昌猛奉使

无状，罪至不道。（《匈奴传下》）

嗣成陵侯德，鸿嘉三年坐弟与后母乱，共杀兄，德知不举，不道下狱。（《王子侯表》）

嗣湘成侯监益昌，五凤四年，坐为九真太守盗使人出买犀奴婢，臧百万以上，不道、诛。邘侯李寿坐为卫尉居守，擅出长安界，送海西侯至高桥，又使吏谋杀方士，不道，诛。（《功臣表》）

按《史记·酷吏杜周传》，狱久者至更数赦，十有余岁，而相告言，大抵尽诋以不道。《陈汤传》，亦云廷尉增寿议，以为不道无正法，以所犯剧易为罪，臣下承用失其中。盖汉时听断狱讼，各有正法，《王尊传》所谓尊以正法案诛，皆伏其辜是也。不道不敬，皆无正法，故议者易于比附。

大不敬　不敬

亏礼废节，谓之不敬。（《晋书·刑法志》引张斐《律表》）

汤称诈虚，设不然之事，非所宜言，大不敬。（《陈汤传》）

御史中丞众等奏言，敬近臣，为其近主也，礼下公门，式路马，君畜产且犹敬之，上浸之原，不可长也，（宣子）况首为恶，（杨）明手伤，功意俱恶，皆大不敬。（《薛宣传》）

上以问将军中朝臣，皆对以大臣奏事，不宜漏泄，令吏民传写，流闻四方，廷尉劾丹大不敬。（《师丹传》）

秺侯商丘成坐为詹事侍祠孝文庙，醉歌堂下，大不敬，自杀。（《功臣表》）

天子之弓，当戴之于首上，何敢置地，大不敬，即收虎贲付狱置罪。（《御览》三百四十七引谢承《后汉书》）

充国劾安国奉使不敬。（《赵充国传》）

大将军凤风御史中丞劾奏野王赐告养病，而私自便持虎符出界归家，奉诏不敬。（《冯野王传》）

有司复奏望之前所坐明白，无谮诉者，而教子上书，称引亡辜之诗，失大臣体，不敬，请逮捕。（《萧望之传》）

劾灌夫骂坐不敬，系居室。（《灌夫传》）

嗣侯魏宏、嗣侯丙显，甘露元年坐酎宗庙骑至司马门，不敬，削爵一级，为关内侯。（《外戚恩泽候表》）

按唐律十恶，五曰不道，六曰大不敬。《唐六典》注，北齐立重罪十条，一反逆，二大逆，三叛，四降，五恶逆，六不道，七不敬，八不孝，九不义，十内乱。隋氏颇有损益。《唐律疏义》，周齐虽具十条之名，而无十恶之目，开皇创制，始备此科，酌于旧章，数存于十。是汉时尚无十恶之名也。

不孝

太子爽，坐告王父，不孝弃市。（《衡山王传》）

按《孝经》五刑之属三千，而罪莫大于不孝。《公羊》文十六年何注，无尊上非圣人不孝者，斩首枭之。刘逢禄《公羊释例》云，秦法也。唐律，十恶七曰不孝，注、谓告言诅骂祖父母父母。

禽兽行

有司案验，因发淫乱事，奏立禽兽行，请诛。（《济川王传》）

子定国，与父康王姬奸，生子男一人，夺弟妻为姬，与子女三人奸。事下，公卿皆议曰，定国禽兽行，乱人伦，逆天道，当诛。上许之，定国自杀。（《燕王刘泽传》）

隆虑侯陈蟜，坐母长公主薨，未除服，奸禽兽行当死，自杀。（《功臣表》）

宣帝之世，燕代之间，有三男共取一妇，生四子及至将分妻子而不可均，乃致争讼。廷尉范延寿断之曰，此非人类，当以禽兽从母不从父也，请戮三男，以儿还母。（《搜神记》卷六）

按唐律，十恶十曰内乱，注，谓奸小功以上亲父祖妾及与和者。

先请

议亲、若今时宗室有罪先请，议贤、若今时廉吏有罪先请，议贵、若今时吏墨绶有罪先请。疏、汉法，丞相中二千石金印紫绶，御史大夫二千石银印青绶，县令六百石铜印墨绶（《周礼·秋官·小司寇》注）

令郎中有罪耐以上请之。（《高帝纪》）

黄龙元年，诏吏六百石位大夫有罪，先请之。（《宣帝纪》）

元始元年，令公列侯嗣子有罪耐以上，先请之。（《平帝纪》）

建武三年，诏吏不满六百石下至墨绶长相有罪，先请之。（《光武纪》）

昭平君狱系，内官以公主子廷尉先请。（《东方朔传》）

吏二千石有罪先请。（《刘屈氂传》）

宗正卿岁因计上宗室名籍，若有犯法，当髡以上，先上诸宗正宗室以闻，乃报决。（《百官志》）

按八议之制，见于《周礼》，至秦而废。《商君书赏刑篇》，刑无等级，自卿相将军以至大夫庶人，有不从王令，犯国禁，乱上制者，罪死不赦。汉承秦制，高帝时虽有郎中耐以上先请之令，然特以为恩惠。文帝时，绛侯周勃下狱，贾谊上疏极谏，谓古者廉耻节礼，以治君子，故有赐死而无戮辱，是以黥劓之罪，不及大夫，帝深纳其言。至孝武时，稍复入狱。《应劭传》，安帝时河间人尹次、颍川人史玉，皆坐杀人当死，尚书陈忠以罪疑从轻，议活次玉，劭驳之，谓陈忠不详制刑之本，而信一时之仁；遂广引八议求生之端。《盖勋传注》引《续汉书》，勋谓儁曰，吾以子罪在八议，故为子言。《乐成靖王传》，安帝诏曰，朕览八辟之议，不忍致之于理。是八议之说，至汉末始盛。《吴志·孙霸传》，太平二年（孙基）盗乘御马，收付狱，（孙）亮问侍中刁玄曰，盗乘御马，罪云何？玄对曰，科应死，然鲁王早终，惟陛下哀原之。亮曰，法者天下所共，何得阿以亲亲故耶？当思可以释此者，奈何以情相迫乎？玄曰，旧赦有大小。亮曰，解人不当尔耶。乃赦宫中，基以得免。夫至因亲亲之故，不得已而出于赦，则律无八议甚明。三国时盖犹沿汉制，《唐六典注》八议始于魏，是汉时尚未以八议入律也。

监临部主，见知故纵

汉承秦制，萧何定律，除参夷连坐之罪，增部主见知之条。（《晋书·刑法志》）

张汤赵禹始作监临部主见知故纵之例，其见知而故不举劾，各与同罪，失不举劾，各以赎论，其不知不见不坐。（同上）

始元四年，廷尉李种坐故纵，死罪弃市。（《昭帝纪》）

汤欲致其文丞相见知。张晏注，见知故纵以其罪罪之。（《张

汤传》）

上方怒，下吏责问御史大夫曰，司直纵反者，丞相斩之，法也，大夫何以擅止之？（暴）胜之惶恐自杀。（《刘屈氂传》）

劾廷尉少府纵反者。注、师古曰，纵放也。（《杜延年传》）

迁杜陵，坐故纵亡命，会赦。（《朱云传》）

孝成皇帝悔之，下诏书二千石不为纵。注、孟康曰，二千石不以故纵为罪，所以优也。（《王嘉传》）

太初元年，邳离侯路博德坐见知子犯逆不道罪，免。元鼎二年，曲成侯虫皇柔坐为汝南太守，知民不用赤侧钱为赋为鬼薪。元鼎五年，商陵侯赵周坐为丞相知列侯酎金轻，下狱自杀。（《功臣表》）

胶西太守齐徐仁为少府，坐纵反者自杀。左冯翊贾胜胡坐纵谋反者，弃市。（《百官公卿表》）

按《史记·秦始皇本纪》，吏见知不举者与同罪。《李斯传》将军（蒙）恬与扶苏居外，不匡正宜，知其谋。是此法秦已有之。唐律斗讼四，诸监临主司知所部有犯法不举劾者，减罪人罪三等。

故纵 故不直

出罪为故纵，入罪为故不直。（《功臣表注》）

缓深故之罪，急纵出之诛。注、孟康曰，孝武欲急刑吏深害及故入人罪者，皆宽缓。师古曰，吏释罪人，疑以为纵，则急诛之。（《刑法志》）

二十年大司徒戴涉下狱死。注引《古今注》曰，坐入故太仓令奚涉罪。（《光武纪》）

宝坐失死罪免。（《孙宝传》）

臣敞贼杀无辜，鞫狱故不直，虽伏明法，死无所恨。（《张敞传》）

元狩五年，戚圉侯季信坐为太常，纵丞相侵神道，为隶臣。元康元年，商利侯王山寿坐为代郡太守故劾十人罪不直，免。元鼎二年，嗣侯严青翟坐为丞相建、御史大夫汤不直，自杀。（《功臣表》）

按《史记·始皇本纪》三十四年，适治狱吏不直者，筑长城及南方越地，是此法秦已用之，汉盖承秦制也。唐律官司出入人罪，在断狱一。

故误

法令有故误、误者其文则轻。（《郭躬传》）

圣君原心省意，故诛故贯误，故贼加增过，误减损。（《论衡》）

其知而犯之，谓之故，不意误犯，谓之过失。（《晋书·刑法志》引张斐《律表》）

时诏赐降胡子缣，尚书案事，误以十为百，帝见司农上簿，大怒，召郎将笞之。意因入叩首曰，过误之失，常人所容，若以懈慢为愆，则臣位大罪重，臣当先坐。（《钟离意传》）

造意 首恶

唱首先言，谓之造意。（《晋书·刑法志》引张斐《律表》）

偃本首恶，非诛偃无以谢天下，乃遂族偃。（《主父偃传》）

张汤曰，被首为王画反计，罪无赦，遂诛被。（《伍被传》）

（薛）况首为恶，（杨）明手伤，功意俱恶。（《薛宣传》）

宝到部，亲入山谷，谕告群盗，非本造意，渠率皆得悔过自出。（《孙宝传》）

太祖怒收逵等，当送狱取造意者，逵即言我造意，遂诣狱。（《魏志·贾逵传注》引《魏略》）

何敞为交州刺史，表（龚）寿，常律杀人不至族诛，然寿为恶首，令鬼神诉者，千载无一，请皆斩之。（《搜神记》十六）

按唐律，共犯罪造意为首，在名例五。

公罪

种所坐以盗贼公负，罪至征徒，非有大恶。注、太山之贼，种不能讨，是力不足以禁之，法当公坐，故云公负。（《第五种传》）

凌为长，遇事髡刑五岁，当道扫除，时太祖车过，问此何徒，左右以状对，太祖曰，此子师兄子也，所坐亦公耳，于是主者选为骁骑主簿。（《魏志·王凌传注》引《魏略》）

按晋张斐《律表》有犯罪为公为私云云，知晋律与汉同。唐律，同职犯公坐及公事失错，俱在名例五。

首匿

谩訑首匿愁勿聊。注、首匿为头首而藏匿罪人也。（《急就篇》）

汉正首匿之罪，制亡从之法，恶其随非而与人人为群党也。（《论衡》）

武帝军役数兴，豪杰犯禁，奸吏弄法，故重首匿之科。（《梁统传》）

亡之诸侯游宦事人及舍匿者，论皆有法。注、师古曰，舍匿、谓舍止而藏隐也。（《淮南厉王传》）

皆以为桑迁坐父谋反，而侯史吴臧之，非匿反者，乃匿为随者也，即以赦令除吴罪。后侍御史治实，以桑迁通经术，知父谋反而不谏争，与反者身无异，侯史吴故三百石吏，首匿迁，不与庶人匿随从者等，吴不得赦。（《杜延年传》）

后坐藏匿亡命，削良乡安次文安三县。（《燕刺王传》）

元封四年，毕梁侯婴坐首匿罪人为鬼薪。元康元年，嗣侯崇坐首匿死罪免。元康元年，修故侯福坐首匿群盗弃市。五凤三年，嗣侯延寿坐知女妹夫亡命，笞二百，首匿罪免。（《王子侯表》）

始元五年，军正齐王平子心为廷尉，坐纵首匿谋反者弃市。（《百官公卿表》）

平侯执、孝景中五年坐匿死罪，会赦免。汉清侯参、天汉二年坐匿朝鲜亡虏，下狱瘐死。（《功臣表》）

子伯少有猛志，后坐藏亡命，被系当死。（《魏志·娄圭传注》引《吴书》）

按唐律，知情藏匿罪人，在补亡。

诽谤妖言

除妖言令。师古注，过误之语，以为妖言。（《高后纪》）

二年五月，诏民或祝诅上以相约，而后相谩，吏以为大逆，其有他言，吏又以为诽谤，自今以来，有犯此者勿听治。师古注，高后元年，诏除妖言之令，今此又有妖言之罪，是则中间曾复设此条也。（《文帝纪》）

除诽谤诋欺之法。（《哀帝纪》）

元和元年，诏诸以前妖恶禁锢者，一皆除之。（《章帝纪》）

永初四年，诏自建初以来，诸妖言他过坐徙边者，各归本部，其没入官为奴婢者，免为庶人。（《安帝纪》）

元凤三年，丞相属宝、长安单安国安陵、捂育，劾（张）寿王吏八百名，古之大夫，服儒衣，诵不祥之辞作妖言，欲乱制度，不道，诽谤益甚，竟以下吏。（《律历志》上）

廷尉定国，奏挥幸得列九卿诸吏宿卫近臣，上所信任，不竭忠爱，尽臣子义，而妄怨望称引，为妖恶言，大逆不道，请逮捕治。（《杨恽传》）

廷尉奏赐孟妄设妖言惑众，大逆不道，皆伏诛。（《眭弘传》）

坐怨望非谤政治，不道弃市。（《严延年传》）

王怒，谓胜为妖言，缚以属吏。（《夏侯胜传》）

（侯）览遂诈作飞章，下司隶，诬（史）弼诽谤，槛车征。（《御览》四百二十引司马彪《续汉书》）

按《路温舒传》，秦之时正言者谓之诽谤，遏过者谓之妖言，是此律秦已有之，汉盖沿秦制也。高后文帝皆有除诽谤妖言之令，而哀帝时又除诽谤法，章帝安帝诸纪所载，复有坐妖言者。《魏志·崔琰传注》引《魏略》，太祖以为琰腹诽心谤，乃收付狱，髡刑输徒，是此怯终汉世未尽除也。《通鉴长编纪事本末》载王安石云，文帝除诽谤妖言皆萧何法之所有，是《九章》原有此律也。

祝诅

广陵厉王胥，五凤四年坐祝诅上，自杀。（《诸侯王表》）

鄗侯舟、征和四年，坐祝禮上要斩。注，师古曰，禮古诅字。澎侯屈厘坐为丞相祝禮要斩。平曲节侯曾、五凤四年，坐父祝诅上免。（《王子侯表》）

嗣曲周侯终根祝诅上，要斩。嗣阳河侯其仁、征和三年坐祝诅，要斩。嗣戴侯祕蒙、后元年坐祝诅上大逆，要斩。嗣弓高侯韩兴坐祝诅上，要斩。（《功臣表》）

诋欺

诏书无以诋欺成罪。（《薛宣传》）

朔擅诋欺天子从官，当弃市。（《东方朔传》）

令司隶校尉（王）尊妄诋欺加非于君，方下有司问状。（《匡衡传》）

司隶（校尉陈）庆平心举劾，方进不自责悔，而内挟私恨，伺

忌庆之从容语言，以诋欺成罪。（《翟方进传》）

伤于抵欺之文，上不得以功除罪。（《王尊传》）

以春月作诋欺，遂其奸心，盖国之贼也，其免为庶人。（《孙宝传》）

尚书决事，多远故典，罪法无例，诋欺为先。（《陈忠传》）

按以上各传，并举诋欺为罪名，是当时必已著为律令。《哀帝纪》除诽谤诋欺法，是此法至哀帝时始废也。

诬罔

诬罔君臣，使事失实。（《周礼》为邦诬注　《辑证》云此八字疑汉律语）

元鼎元年，乐通侯栾大坐诬罔要斩。（《武帝纪》）

熹平二年，沛相师迁坐诬罔国王，下狱死。（《灵帝纪》）

夏阳人成方，遂诈称卫太子，诬罔不道，要斩。（《隽不疑传》）

知而白之，此诬罔罪也，皆在大辟。（《杜延年传》）

诬罔主上不道，皆伏诛。（《李寻传》）

汤乡侯朱博，建平二年坐诬罔自杀。新甫侯王嘉，元寿元年罔上，下狱瘐死。（《外戚恩泽侯表》）

始元元年，司隶校尉雒阳李仲季主为廷尉坐诬罔，下狱弃市。

（《百官公卿表》）

漏泄省中语

建昭二年，淮阳王舅张博，魏郡太守京房，坐窥道诸侯王以邪意，漏泄省中语，博要斩，房弃市。（《元帝纪》）

陈咸为御史中丞，坐漏泄省中语，下狱。（《朱博传》）

捐之漏泄省中语，罔上不道。（《贾捐之传》）

于是石显微伺知之，白奏咸漏泄省中语，下狱掠治，减死，髡为城旦。（《陈万年传》）

告邛泄省中语，下吏自杀。（《赵充国传》）

（窦）宪奏弘大臣漏泄密事，帝诘让弘，收上印绶，弘自诣廷尉。（《郑弘传》）

诏书侍中驸马都尉（傅）迁，巧佞无义，漏泄不忠，国之贼也，免归故郡。（《孔光传》）

河平三年，楚相齐宋登为京兆尹，贬为东莱都尉，坐漏泄省中语，下狱自杀。元凤四年，蒲侯苏昌为太常，后坐籍霍山书泄秘书免。（《百官公卿表》）

袁敞坐子与尚书郎张俊交通，漏泄省中语，策罢，遂自杀。（袁宏《后汉纪》）

按汉法以漏泄省中语为大罪，《容斋随笔》尝论之。唐律，漏泄大事，在职制一。

刺探尚书事

若今刺探尚书事。疏汉尚书掌机密。（《周礼·秋官·士师》注）

尚书奏伦探知密事，徼以求直，坐不敬，结鬼薪。（《杨伦传》）

司徒颍川韩演伯南为丹阳太守，坐从兄季朝为南阳太守刺探尚书，演法车征。（《风俗通》）

按惠栋《九经古义》，沈约曰：写书谓之刺，汉制不得刺尚书事是也。《后汉书·杨伦传》尚书奏伦探知密事，盖汉律有此条，故郑据以为说。

不当得为

首匿见知、纵所不当得为之属，议者或言其法可蠲除，今因此令赎，其便益甚。（《萧望之传》）

昌邑哀王歌舞者张脩等十人，王薨当罢归，大傅豹等擅留，以为哀王园中人，所不当得为。师古注，于法不当然。（《昌邑王传》）

奏言商贾或豫收上方不祥器，冀其疾用，欲以求利，非臣民所当为，请没入县官。（《田延年传》）

曹腾字季兴，少除黄门从官，迁至中常侍、大长秋。蜀郡太守因计吏修敬于腾，益州刺史种嵩于幽谷关，搜得其牍，上太守，并奏腾内臣外交，所不当为，请免官治罪。（《魏志》卷一注引《续汉书》）

按《御览》六百四十八引《尚书大传》非事之事入不以道义诵不祥之辞者其刑墨，注、非事而事之，今所不当得为也。是此律其源甚古，唐律不应得为，在杂律一。

非所宜言

（张）寿王非汉历，逆天道，非所宜言，大不敬。（《律历志》上）

又知张美人体御至尊，而妄称引羌胡杀子荡肠，非所宜言。（《元后传》）

丞相御史奏汤惑众不道，妄称诈归异于上，非所宜言。（《陈汤传》）

非所宜言，有司案验，请逮捕。（《昌邑王传》）

而称引亡秦，以为比喻，诖误圣朝，非所宜言。（《师丹传》）

下之廷尉，必曰非所宜言，大不敬。（《梅福传》）

征博下狱，以非所宜言，弃市。（《王莽传》）

人有上书告长乐非所宜言，事下廷尉。（《杨恽传》）

卑君尊臣，非所宜称，失大臣体。（《王尊传》）

臣敞谬预机密，言所不宜，罪名明白，当填牢狱。（《郅恽传》）

后坐帝事下狱，狱穷讯得其宿与人言，汉朝当生勇怒子如武帝者，劾暴以为先帝为怒子，非所宜言，大不敬。（《群书治要》四十四引《桓子新论》）

按《史记·叔孙通传》，二世令御史案诸生言反者下吏，非所宜言，汉盖本秦律也。《初学记》廿四引梁沈约《奏弹孔彚》肆此丑言，比物连类，非所宜称云云，是六朝时犹用此律。

轻侮

安丘男子毋丘长，与母俱行市，道遇醉客，辱其母，长杀之而亡，安丘追踪于胶东得之。祐呼长谓曰，子母见辱，人情所耻，然孝子忿必虑难，动不累亲，今若背亲逞怒，白日杀人，赦若非义，刑若不忍，将如之何？长以械自系曰：国家制法，囚身犯之，明府虽加哀矜，恩无所施。（《吴祐传》）

建初中，有人侮辱人父者，而其子杀之，肃宗贳其死刑而降宥之，自后因以为比，遂定其议，以为轻侮法。（《张敏传》）

按《张敏传》极言轻侮法之非，以为先帝一切之恩，未有成科颁之律令也，是西汉原无此律。然考《周礼地官》调人注云，父母兄弟师长尝辱焉而杀之者，如是为得其宜，虽所杀人之父兄，不得仇也，使之不同国而已。司农时以汉法解经，知此法汉末尚未改也。

报仇

父不受诛，子复仇可也；父受诛，子复仇，推刃之道也。（《公羊》定四年何注）

二千石以令解仇怨，后复相报，移徙之。（《周礼·地官·调人》注）

今人相杀伤，虽已伏法，而私结冤仇，子孙相报，后忿深至于灭户殄叶。今宜申明旧令，若已伏官诛而私相杀伤者，虽一身逃亡，皆徙家属于边，其相伤者，常加二等，不得顾山赎罪，如是则仇怨自解，盗贼息矣。（《桓谭传》）

兄为乡人所杀，朗白日操刃，报仇于县中。（《魏朗传》）

汉时官不禁报怨，民家皆高楼鼓其上，有急即上楼击鼓，以告邑里，令救助。（《御览》五百十八引王囊褒《僮约注》）

按《曲礼》父之仇弗与共戴天，兄弟之仇不反兵，汉制盖犹近古。《晋志》魏改汉律，贼斗杀人以刻而亡，许倈古义听子弟得追杀之，曾赦及过误，相不得报仇，所以止杀害也云云，是汉时虽赦或过误，犹得报仇可知。

杀人

南利侯宝，坐杀人夺爵。（《广陵厉王传》）

湖阳公主苍头白日杀人，因匿主家，吏不能得。及主出行，而以奴骖乘，宣于夏门亭候之，乃驻车叩马，以刀画地，大言数主之失，叱奴下车，因格杀之。（《董宣传》）

嗣河间王元，坐杀人废迁房陵。（《诸侯王表》）

轵侯薄昭，孝文十年坐杀使者自杀。（《恩泽侯表》）

兹侯明，元朔三年坐杀人自杀。原洛侯敢、征和三年，坐杀人弃市。宜城康候福、太初元年坐杀弟弃市。（《王子侯表》）

执金吾马适建坐杀人下狱。（《百官公卿表》）

按《公羊》文十六年何注，杀人者刎脰，《释例》云，盖秦法也，高祖入关，约法三章，杀人者死，见《史记》。

谋杀

二人对议谓之谋。（《晋书·刑法志》引张斐《律表》）

羊胜公孙诡谋刺袁盎，自杀。（《梁孝王传》）

嗣章武侯窦常生，元狩元年，坐谋杀人未杀免。（《恩泽侯表》）

荣关侯骞，坐谋杀人，会赦免。（《王子侯表》）

嗣博阳侯陈塞，坐谋杀人，会赦免。（《功臣表》）

按唐律，谋杀人，在贼盗一。

斗杀

两讼相趣谓之斗。（《晋书·刑法志》引张斐《律表》）

变斗杀伤捕伍邻。注、变斗者，为变难而相斗也；杀伤，相伤及相杀也；捕，收掩也。有犯变斗伤杀者，则同伍及邻居之人皆被收掩也。（《急就篇》）

按《史记》商鞅令民为什伍而相收司。李悝《法经》有囚捕二篇，汉《九章》中捕律，沿秦之旧，故于斗杀伤，犹捕及邻伍也。

戏杀

两和相害谓之戏。（《晋书·刑法志》引张斐《律表》）

律有甲娶，乙丙共戏甲，旁有柜，比之为狱，举置柜中复之，

甲因气绝，论当鬼薪。（《酉阳杂俎》）

按唐律，戏杀伤人，在斗讼三。

狂易杀人

忠奏狂易杀人，得减重论，事皆施行。（《陈忠传》）

河内太守上民张大，有狂病，病发杀母弟，应枭首，遇赦，谓不当除之，枭首如故。（《御览》六百四十八引廷尉决事）

使人杀人

嗣侯阳戎奴，元狩五年坐使人杀季父，弃市。嗣候萧获，永始元年坐使奴杀人，减死完为城旦。（《功臣表》）

嗣侯毋害，本始二年坐使人杀兄弃市。武安侯授，元寿二年坐使奴杀人免。乐侯义坐使人杀人，髡为城旦。阳兴侯昌坐朝私留他县，使庶子杀人，弃市。富侯龙，元康元年坐使奴杀人，下狱瘐死。（《王子侯表》）

钜鹿太守朱寿为廷尉，元凤五年，坐侍中邢元下狱、风吏杀元，弃市。（《百官公卿表》）

嗣侯姬君当坐使奴杀家丞，弃市。（《恩泽侯表》）

周玘字孟玉，为右将军掾，弟子使客杀人，被罪。（《御览》五百十二引《风俗通》）

杀继母

汉景帝时，廷尉上囚防年继母陈论杀防年父，防年因杀陈，依律、杀母以大逆论，帝疑之。武帝时年十二，为太子，在旁，帝命问之。太子答曰，夫继母如母，明不及母，缘父之故，比之于母。今继母无状，手杀其父，则下手之日，母恩绝矣。宜与杀人者同，不宜与大逆论，从之。（《通典》一百六十六）

按魏改汉律，正杀继母与亲母同，防继假之隙，见《晋志》引《魏新律序》。

杀子孙

小民因贫，多不养子，彪严为其制，与杀人同罪。（《贾彪传》）

宗庆迁长沙太守，人多以乏衣食，产乳不举，庆切让三老，禁民杀子，比年之间，民养子者三千余人。（《书钞》七十五引《谢承后汉书》）

按《书·康诰》，于父不能字厥子，乃疾厥子，刑兹无赦。《公羊传》僖五年，晋侯杀其世子申生，曷为直称晋候，甚之也。何休注，甚之者，甚恶杀亲亲也。汉以前疑无杀子孙减轻之律，故贾彪得严其制，与杀人同罪。《通考》引魏斗律，祖父母父母忿怒以兵刃杀子孙者，五岁刑，殴杀及爱憎而故杀者，各减一等。唐律，以刃杀子孙者徒二年，故杀者加一等。

杀奴婢

建武十一年，诏敢炙灼奴婢，论如律，免所炙灼者为庶民。（《光武纪》）

首乡侯段曹曾孙胜，坐杀婢国除。（《东观汉记》）

按唐律，主杀奴媒在斗讼二。

杀牛弃市

法禁杀牛，犯之者诛。（《淮南子》高诱注）

曲周民父病，以牛祷县结正弃市。（《魏志·陈矫传》）

按《曲礼》诸侯无故不杀牛，是周时已有禁，汉特严其制耳。

杀伤人所用兵器，盗贼臧，加责没入县官

杀伤人所用兵器盗贼臧，加责没入县官。（《周礼·秋官·司厉》注）

按疏云加责，即今倍臧，《唐律》名例诸彼此俱罪之臧及犯禁之物则没官。

保辜

古者保辜，辜内当以弑君论之，辜外当以伤君论之。疏、其弑君论之者，其身枭首，其家执之；其伤君论之，其身斩首而已，罪不累家，汉律有其事。（《公羊》襄七年何注）

疻痏保辜謕呼号。注、保辜者，各随其状轻重，令殴者以日数保之，限内至死，则坐重辜也。（《急就篇》）

嗣昌武侯单德，元朔三年坐伤人二旬内死，弃市。（《功臣表》）

按唐律，保辜在斗讼一。

殴父母

妻甲夫乙，殴母，甲见乙殴母而杀乙。《公羊》说甲为姑讨夫，犹武王为天诛纣。郑驳云，乙虽不孝，但殴之耳，杀之大甚。凡在官者未得杀之，杀之者士师也。（《礼记·檀弓·正义》）

甲父乙与丙争言相斗，丙以佩刀刺乙，甲即以杖击丙，误伤乙，甲当何论？或曰殴父也，当枭首。（《御览》六百四十引董仲舒《决狱》）

按唐律，殴詈父母，在斗讼四。

殴兄姊

殴兄姊加至五岁刑，以明教化也。（《晋书·刑法志》）

按魏改汉律，加殴兄姊至五岁刑，则汉律当在四岁刑以下。

发墓

天子县官法曰，发墓者诛。（《淮南子·氾论训》）

宦者赵忠丧父，归葬安平，僭为玙璠玉匣偶人。穆闻之，下郡按验，吏遂发墓剖棺，陈尸出之。帝闻大怒，征穆诣廷尉，输作左校。（《朱穆传》）

上洛男子张卢，死二十七日，人盗发其冢。卢得苏，起问盗人姓名，郡县以盗元意奸轨，卢复由之而生，不能决。豫州牧呼延谟以闻。诏曰，以其意恶功善，论笞三百，不齿终身。（《御览》五百五十九引《汉记》）

按唐律发冢，在贼盗三。

篡囚

奏谋篡死罪囚，有司请诛，上不忍，削立五县。注、师古曰，逆取曰篡。（《济川王传》）

攸舆侯则，太初元年，坐篡死罪囚弃市。（《王子侯表》）

按魏改汉律，正篡囚弃市之罪，事见《晋志》。唐律劫囚在贼盗一。

持质

汉科有持质。（《晋书·刑法志》）

劫名其财为持质。（同上引张斐《律表》）

富人苏回为郎，二人劫之。有顷，广汉将吏到家，自立庭下，使长安丞龚奢叩当户晓贼，曰：京兆尹赵君谢两卿，无得杀质，此宿卫臣也。释质束手，得善相遇，幸逢赦令，或时解脱。二人素闻广汉名，即开户出，下堂叩头，送狱，敕吏谨遇，给酒肉，至冬，当出死，豫为调棺给敛葬具，告语之，皆曰：死无所恨。（《赵广汉传》）

玄少子十岁，独游门次，卒有三人持杖劫执之，入舍登楼，就玄求货。玄嗔目呼曰：玄岂以一子之命，而纵国贼？促令兵进，玄子亦死矣。乃诣阙谢罪，乞下天下，凡有劫质，皆命杀之，不得赎以财宝，开张奸路。诏书下其章，劫质遂绝。（《桥玄传》）

乃著令，自今以后有持质者，皆当并击勿顾，由是劫质者遂绝。注、孙盛曰：按《光武纪》建武九年，盗劫阴贵人母弟，吏以不得拘质，迫逐盗，盗遂杀之（《魏志·夏侯惇传》）

张敞为太原太守，有三人劫郡界，持三人为质。敞诣所谕曰：释质，太守释汝，乃解印绶以示之，曰：丈夫不相欺。贼释质自首，遂纵之。（《书钞》三十九）

按唐律贼盗诸有所规避而执持人为质者，皆斩，部司及邻伍知见避质不格者，徒二年。

盗园陵物

人有盗发孝文园瘗钱，丞相严青翟自杀。（《张汤传》）

元鼎四年，嗣侯张拾坐入上林谋盗鹿，完为城旦。（《功臣表》）

汉诸陵皆属太常，人有盗柏，弃市。（《御览》九百五十四引《三辅旧事》）

盗官物弃市

乐安侯匡衡，建始四年，坐颛地盗土免。阳城侯田延年坐为大司农，盗都内钱三十万，自杀。（《恩泽侯表》）

太子郭夫人弟为曲周县吏，断盗官布，法应弃市。（《魏志·鲍勋传》）

迁大理正，有盗官练置都厕上者，吏疑女工，收以付狱。（《魏志·司马芝传》）

盗马盗牛

故盗马者死，盗牛者加，所以重本而绝轻疾之资也。（《盐铁论·刑德篇》）乡里有盗牛者，主得之，盗请罪曰：刑戮是甘，迄不使王彦方知也。（《王烈传》）

平侯遂坐，知入盗官、母马为臧。（《王子侯表》）

按唐律，盗官私牛马杀，在贼盗三。

盗伤与杀同罪

盗伤与杀同罪，所以累其心而责其意也。（《盐铁论》）

按唐律，因盗过失杀伤人，在贼盗四。

和奸

嗣侯董朝，元狩三年坐为济南太守与城阳王女通，耐为鬼薪。嗣侯宣生，元朔二年坐与人妻奸，免。（《功臣表》）

利取侯毕寻玄孙守，坐奸人妻，国除。（《东观汉记》）

按唐律，诸奸者徒一年半，《疏义》谓指和奸言之。

强奸

不和谓之强。（《晋书·刑法志》引张斐《律表》）

庸厘侯端坐强奸人妻，会赦免。（《王子侯表》）

按唐律，强奸加和奸一等。

居丧奸

堂邑侯陈季须，坐母公主卒未除服奸，当死，自杀。嗣侯融，坐母丧未除服奸，自杀。（《功臣表》）

嗣常山王勃，坐宪王丧服奸，废徙房陵。（《诸侯王表》）

按唐律，居父母及夫丧奸者，加凡奸罪一等。

奸部民妻

谢夷吾字尧卿，山阴人也，为州刺史，行部到南鲁县，遇孝章皇帝巡狩，有亭长奸部民妻者，县言和，上意以吏奸民妻，何得言和？且观刺史决当云何。顷夷吾呵之曰：亭长诏书朱帻之吏，职在

禁奸，今为恶之端，何得言和？切让三老孝弟兄长罪。（《御览》六百三十九引《会稽典录》 又见《通典》一百六十八）

按《唐律》监主于监守内奸，在杂律一。

乱妻妾位

孔乡侯傅晏，坐乱妻妾位，免。（《恩泽侯表》）

按《孟子》齐桓五禁，一曰无以妾为妻。唐律以妻为妾，在户婚二。

七弃三不去

妇人有七弃三不去，无子弃，绝世也，淫泆弃，乱类也，不事舅姑弃，悖德也，口舌弃，离亲也，盗窃弃，反义也，嫉妒弃，乱家也，恶疾弃，不可奉宗庙也。尝更三年丧不去，不忘恩也，贱取贵不去，不背德也，有所受无所归，不去，不穷穷也。（《公羊》庄二十七年何注）

妇有七去：不顺父母去，无子去，淫去，妒去，有恶疾去，多言去，窃盗去。不顺父母去，为其逆德也；无子，为其绝世也；淫，为其乱族也；妒，为其乱家也；有恶疾，不可与共粢盛也；口多言，为其离亲；盗窃，为其反义也。妇有三不去，有所取、无所归，不去；与更三年丧，不去；前贫贱，后富贵，不去。（《大戴礼记·本命篇》）

按唐律，户婚虽犯七出有三不去而出之者，杖一百。《疏义》七出者依令，疑汉当亦同，是七弃三不去之文，皆载于汉令，今不可考矣。近人李慈铭《越缦堂日记》论之曰：七出之条，自汉律至今，沿之不改。其六者无论矣，至于无子，非人所自主也，以此而出，则狂且荡色者，将无所不为。《唐律疏义》申之曰：妻年五十以上无子，听立庶以长，即是四十九以下无子，未合出之。斯言也深知礼意。妻而无子，情之所矜，必待至五十，则有不更三年丧者寡矣。古人三十而娶，五十服官政，则贫贱有不富贵者寡矣。律虽设而未尝用也。郑君《仪礼注》云，天子诸侯后夫人无子不出，天子元士视子男。今之五品以上，皆古之诸侯，则士大夫家无以无子出者也。《谷梁传云》，一人有子，三人缓带，言侄娣有子，则嫡不去。今无侄娣而许有妾，则妾有子者，妻亦不去也。其论颇精，附识于此。

无子听妻入狱

安丘男子毋丘长白日杀人，以械自系，祐问长有妻子乎？对曰：有妻未有子也。即移安丘，逮长妻，妻到，解其桎梏，使同宿

狱中，妻遂怀孕。至冬尽行刑，长泣谓母曰：妻若生子，名之吴生。（《吴祐传》）

鲍昱为泚阳长，县人赵坚杀人系狱，其父母诣昱，自言年七十余，惟有一子，适新娶，今系狱当死，长无种类，涕泣求哀。昱怜其言，令将妻入狱，遂妊身有子。（《御览》六百四十三引《东观汉记》）

按《晋书·乔智明传》，张兑为父报仇，有妻无子，智明愍之，令兑将妻入狱，于狱产一男，会赦得免。《北史》后周时裴政为司宪，用法宽平，囚徒犯极刑者，许其妻子入狱就之。是魏晋以来，久已著为成例，然其制实始于汉。赵翼《陔余丛考》谓近世囚无子者，许其妻入宿，古时未有定制，特长吏法外行仁，恐不尽然。

孕妇缓刑

孕者未乳，当鞠系者颂系之。（《刑法志》）

（王莽子）宇使（妇兄吕）宽夜持血，洒莽第，门吏发觉之，莽执宇送狱，饮药死。宇妻焉怀子，系狱，须产子已杀之。（《王莽传》）

按《魏志·何夔传注》引干宝《晋纪》，毋丘俭孙女适刘氏，以孕系廷尉。《魏书·刑罚志》世祖定律，妇人当刑而孕，产后百日乃决，此皆孕妇缓刑之例，然其制实始于汉也。

五 律令杂考下

搏掩

掘冢博掩，犯奸成富。（《史记·货殖传》）

元鼎四年，嗣侯张拾蔡辟方坐搏掩，完为城旦。元鼎元年，嗣侯黄遂坐搏掩夺公主马，髡为城旦。注、师古曰：搏掩，谓搏击掩袭人而夺其物也。搏字或作博。一曰六博也，掩意钱之属也，皆谓戏而取人财也。（《功臣表》）

太子勃私奸饮酒博戏击筑，天子遣大行（张）骞验问。（《常山宪王传》）

按《晋志》载李悝《杂律》有博戏，唐律博戏赌财物，亦在杂律。吴仁杰《两汉刊误补遗》引《潜夫论》，今人奢衣服，侈饮食，或以游博持掩为事，则搏当作博。颜注谓戏而赌取财物，此说是也。搏掩本汉人语，符汉人，宜得其实。沈钦韩《汉书疏证》所引亦同。今本《潜夫论·浮侈篇》作或以游敖博弈为事，盖传写之误。

通行饮食

至于通行饮食，罪至大辟。注、通行饮食，犹今律云过致资给与同罪也。（《陈忠传》）

捕长安中轻薄少年恶子数百人，皆劾以通行饮食群盗。（《尹赏传》）

暴胜之等奏杀二千石诛千石以下及通行饮食者。（《元后传》）

及以后诛通饮食坐连诸郡，甚者数千人。（《史记·杨仆传》）

夜行

以诏夜士夜禁，御晨行者，禁宵行者，夜游者。注、夜士主行夜徼候者，如今都候之属。（《周礼·秋官·司寤》注）

尉曰：今将军尚不得夜行，何故也？（《李广传》）

灵帝爱幸小黄门蹇硕叔父夜行，即杀之，京师敛迹，莫敢犯者。（《魏志》卷一注引《曹瞒传》）

年过七十而以居位，譬犹钟鸣漏尽，而夜行不休，是罪人也。（《魏志·田豫传》）

永宁诏钟鸣漏尽，洛阳城中不得有行者。（《文选》鲍明远《放歌行注》引崔实《政论》）

按唐律，犯夜在杂律一。

出界

嗣阳邱侯偃，孝景四年坐出国界，耐为司寇。祝兹侯延年，坐弃印绶出国，免。（《王子侯表》）

邗侯李寿坐为卫尉，居守擅出长安界，送海西侯至高桥，诛。嗣终陵侯华禄，坐出界耐为司寇。嗣宁严侯魏指，孝文后三年坐出国界，免。（《功臣表》）

坐擅离部署，会赦，免归家。（《王尊传》）

按唐律，刺史县令私出界在职制一。

无籍入宫殿门

无引籍不得入官司马殿门。贾疏谓汉法言引籍者，有门籍及引人乃得出入也。司马殿门者，汉宫殿门，每门皆使司马一人守门，比千石，皆号司马殿门。（《周礼·天官·宫正》注）

今宫门有薄籍。疏云举汉法以况之。（《周礼·秋官·士师》注）

令从官给事宫司马中者，得为大父母父母兄弟通籍。注、应劭曰，籍者为二尺竹牒，记其年纪名字物色，县之宫门，按省相应，乃得入也。（按崔豹《古今注》引此条，二尺作尺二），颜师古曰：司马门者，宫之外门也，卫尉有八屯卫侯司马，主卫士徼巡宿卫，每面各二司马，故谓宫之外门为司马门。（《元帝纪》）

太后除婴门籍，不得朝请。（《窦婴传》）

梁之侍中郎谒者，著引籍出入天子殿门，与汉宦官无异。（《梁孝王传》）

按唐律，无著籍入宫殿，在卫禁一。

阑入宫掖

天子宫门曰司马，阑入者为城旦，殿门阑入者弃市。（《贾谊新书》）

阑入尚方掖门。注、应劭曰：无符籍妄入宫曰阑。（《成帝纪》）

充国为大医监，阑入殿中，下狱当死。（《上官皇后传》）

嗣侯曹宗，征和二年，坐与中人奸阑入宫掖门，入财赎完为城旦。嗣侯王当，元封元年，坐阑入甘泉上林，免。（《功臣表》）

嗣侯卫伉，太初五年，坐阑入宫，完为城旦。（《恩泽侯表》）

按唐律，阑入宫门、阑入非御在所，均在卫禁一。

失阑

以明经射策甲科为郎，坐户殿门失阑，免。注、师古曰：户止也，嘉掌守殿门，止不当入者，而失阑入之，故坐免也。（《王嘉传》）

不卫宫

延熹二年，大将军梁冀被诛，广与司徒韩演、司空孙朗，坐不卫宫，皆减死一等，夺爵土，免为庶人。（《胡广传》）

按唐律，宿卫上番不到，在卫禁一。

兵所居比司马，阑入者髡。（《白帖》引《春秋决狱》）

官府禁无故擅入，城门禁离载下帷。（《周礼·秋官·士师》注。贾疏云，离载下帷者，谓在车离耦，耦载而下帷，恐是奸非，故禁之）

阑出入关

元封三年，嗣侯杜相夫坐为大常，与大乐令中可当郑舞人，擅繇阑出入关，免。注、师古曰：择可以为郑舞而擅从役使之人，阑出入关。（《功臣表》）

而文吏绳以为阑，出财物如边关乎？注、应劭曰：阑、妄也。臣瓒曰：无符传出入为阑。（《汲黯传》）

今边塞未正，阑出不禁。（《西域传》）

按唐律，私度关在卫禁二。

关用传出入

传如今过所文书。贾疏，过所文书，当载人年几及物多少，至关至门，皆别写一通，入关家门家，乃案勘而过，其自内出者，义亦然。（《周礼・地官・司关》注）

十二年，除关无用传。注、张晏曰：传信也，若今过所也。如淳曰：两行书增帛，分持其一，出入关合之，乃得过，谓之传也。李奇曰：传棨也。师古曰：张说是也。古者或用棨，或用缯帛，棨者刻木为合符也。（《文帝纪》）

元年诏曰：孝文皇帝临天下，通关梁不异远方。注、张晏曰：孝文十二年除关不用传，令远近若一。四年复置诸关，用传出入。注、应劭曰：文帝十二年除关无用传，至此复用传，以七国新反，备非常。（《景帝纪》）

本始四年，诏上书入谷输长安仓，助贷贫民，民以车传载谷入关者，得毋用传。（《宣帝纪》）

旧法行者持符传，即不稽留。（《王莽传注》）

繻、符也，书帛裂而分之，若券契矣。苏林曰：繻、帛边也，旧关出入皆以传，传烦，因裂繻头各以为信也。（《终军传注》）

过所至关津以示之也，传、转也，移转所在，识以为信也。（《释名》）

凡传皆以木为之，长五寸，书符信于上，又以一板封之，皆封以御史印章，所以为信也，如今之过所也。（崔豹《古今注》）

按唐律，诸不应度关而给过所及冒名请过所而度者，各徒一年，在卫禁二。《册府元龟》一百九十一载梁开平四年诏司门过所，先须经中书门下点检，宜委宰臣赵光逢专判出给，是五代时犹沿过所之名也。

马高五尺六寸，齿未平，弩十石以上，皆不得出关。

中元四年，御史大夫绾奏禁马五尺九寸以上，齿未平，不得出关。注、服虔曰：马十岁，齿下平。（《景帝纪》）始元五年，罢天下亭母马及马弩关。注、孟康曰：旧马高五尺六寸，齿未平，弩十石以上，皆不得出关。（《昭帝纪》）

禁游宦诸侯及无得出马关者，岂不曰诸侯国众车骑，则力益多。（贾谊《新书》）

因关马及弩不得出，绝游说之路，诸侯王遂以弱，主父偃之谋也。（刘向《新序》）

内珠入关者死。（《列女传》引汉法）

买塞外禁物

孝景二年，嗣候朱九坐寄使匈奴买塞外禁物，免。（《功臣表》）

按唐律，卫禁共化外人私相交易者，准盗论。

贩卖租铢

除其贩卖租铢之律。注、《师古》曰：租铢谓计其所卖物价，平其锱铢而收租也。（《食货志》）

除其租铢之律。注、《师古》曰：租税之法，皆依田亩，不得杂计百物之铢两。（《贡禹传》）

市买为券，书以别之，各得其一，讼则案券以正之。（《周礼·秋官·士师》注）

按唐律，买奴婢牛马立券，在杂律一。

得遗物及放失六畜，持诣乡亭县廷，大物没入公家，小物自畀。（《周礼·秋官·朝士》注）

按唐律，得阑遗物，在杂律二。

一室二尸，则官与之棺。（《周礼·秋官·小行人》注）

私铸铁器鬻盐者，钛左趾，没入其器物。（《食货志》）

私铸钱罪黥

铸钱之情，非殽铅铁及锡杂铜也，不可得而赢，而殽之甚微，实皆黥罪也。（贾谊《新书》）

铸铜锡为钱，敢杂以铅铁为他巧者，其罪黥。（《食货志》）

自五铢钱起，已来七十余年，民坐盗铸钱被刑者甚众。（《贡禹传》）

文帝除铸钱令，山对以为钱者亡用器也，而可以易富贵；富贵者，人主之操柄也，令民为之，是与人主共操柄，不可长也。其后复禁铸钱云。（《贾山传》）

文帝之时，纵民得铸钱冶铁煮盐，吴王擅鄣海泽，邓通专西山，山东奸猾咸聚吴国，秦雍汉蜀因邓氏，吴邓钱布天下，故有铸钱之禁。（《盐铁论》）

按唐律私铸钱，在杂律一。

加贵取息坐臧

若今时加贵取息坐臧。（《周礼·秋官·朝士》注）

邔侯黄遂，元鼎元年坐卖宅县官故贵，国除。（《史记·功臣

侯表》）

按唐杂律，诸市司评物价不平者，计所贵贱，坐赃论。

取息过律

王莽时民贷以治产业者，但计赢所得，受息无过岁什一。疏云，此与周少异，周时不计其赢所得多少。（《周礼·地官·泉府》注）

旁光侯殷，元鼎元年坐贷子钱不占租，取息过律免。师古注，以子钱贷人，律合收租，匿不占，取息利又多。陵乡侯䜣，建始二年坐使人伤家丞，又贷谷息过律，免。师古注，以谷贷人而多取其息。（《王子侯表》）

按《史记·货殖传》，吴楚兵起，长安中列侯封君行从军旅，赍贷子钱家，子钱家以为关东成败未决，莫肯予，唯毋盐氏出捐千金贷，其息十之。三月吴楚平，一岁之中则毋盐氏息十倍，用此富埒关中。《索隐》谓出一得十倍，是汉初尚无定律也。

事国人过律

嗣东第侯刘告，孝文十六年坐事国人过员免。注、师古曰：事

役吏之员数也。嗣信武侯靳亭、嗣祝阿侯高成，孝文后三年坐事国人过律，免。（《功臣表》）

按唐律职制，若有吉凶借使所监临者，不得过二十人，人不得过五日。

平贾

治河卒非受平贾者，为著外繇六月。注、苏林曰：平贾以钱取人作卒，顾其时庸之平价也。（《沟洫志》）

平贾一月，得钱二千。（同上注、如淳引《律说》）

汉科有平庸坐臧。（《晋书·刑法志》）

按唐名例律，平功庸者计一人一日为绢三尺。

擅赋

祚阳侯仁，初元五年，坐擅兴繇赋，削爵一级。（《王子侯表》）

敛人财物，积藏于官，为擅赋。（《晋书·刑法志》引张斐《律表》）

射擅

元光二年，嗣侯缯它坐射擅免。注、师古曰：方大射，擅自罢去也。（《功臣表》）

按唐律，校阅违期，在擅兴。

擅发兵

未赐虎符而擅发兵，厥罪乏兴。注、师古曰：擅发之罪，与乏军兴同科也。（《王莽传》）

弓高侯告胶西王曰，未有诏书虎符，擅发兵，王其自图之。卬遂自杀。（《吴王濞传》）

安乃劾（窦）景，擅发边兵，警惑吏人，二千石不待符信，而辄承景徼，当伏显诛。（《袁安传》）

元狩二年，从平侯公孙戎奴，坐为上党太守发兵击匈奴，不以闻，免。轪侯黎扶，元封元年为东海太守，行过擅发卒为卫，当斩，会赦免。（《功臣表》）

按汉时发兵，须有虎符。《周礼·春官·牙璋》注，以牙璋发兵，若今时以铜虎符发兵。《齐王传》魏勃给召平曰：王欲发兵，非有汉虎符验也。《严助传》，上新即位，不欲出虎符发兵郡国，乃遣助以节发兵会稽，会稽守欲距不为发，是其证也。唐律，擅发兵在擅兴。

擅弃兵

延和四年，嗣侯多卯，坐与归义赵文王将兵追反虏，到弘农擅弃兵还，赎罪免。（《功臣表》）

按唐律，主将临陈先退，在擅兴。

从军逃亡

臣将种也，请得以军法行酒。顷之，诸吕有一人醉亡酒，章追拔剑斩之而还，报曰：有亡酒一人，臣谨行军法，斩之。（《高五王传》）

时天下草创，多逋逃，故重士亡法，罪及妻子。（《魏志·卢毓传》）

旧法，军征士亡，考竟其妻子，太祖患犹不息。柔曰：士卒亡军，诚在可疾，然窃闻其中时有悔者，愚谓乃宜贷其妻子。（《魏志·高柔传》）

按唐律，从军征讨亡，在捕亡。

失期当斩

以将军出北地，后票骑失期，当斩，赎为庶人。（《公孙敖传》）

庞参以失期军败抵罪。（《西羌传》）

汉法博望侯后期当死，赎为庶人。（《李广传》）

骞后期当斩。（《张骞传》）

（曹）休犹挟前意，欲以后期罪逵。（《魏志·贾逵传注》引《魏书》）

按《荀子·君道篇》引书曰不逮时者，杀无赦，《韩诗外传》引作周制。《陈胜传》度已失期，失期法斩，汉盖沿秦制也。

亡失士卒多当斩

出代，亡卒七千人，当斩，赎为庶人。再出击匈奴，至余吾，亡士多，下吏、当斩。（《公孙敖传》）

吏当广亡失多为虏所生得，当斩，赎为庶人。（《李广传》）

按《项羽传》，陈余遗章邯书云，所亡失已十万数，恐二世诛之，汉盖本秦制。

盗增卤获

宣帝时以虎牙将军击匈奴，坐盗增卤获，自杀。（《车千秋传》）

云中守尚坐上功首虏差六级，下吏削爵。（《冯唐传》）

宜冠侯高不识，坐击匈奴增首不以实，当斩赎罪免。（《功臣表》）

后汉杨熊起中郎赵序，坐诈增首级，征还弃市。（《白帖》）

盗武库兵

亦可谓盗武库兵而杀之乎？（《盐铁论》）

甲盗武库兵当弃市乎？（《白帖》引董仲舒《公羊治狱》）

汉成帝鸿嘉三年，广汉钳子盗库兵伏诛。（《水经注》）

按《三辅黄图》武库在未央宫，萧何造，以藏兵器。

放散官钱

延寿在东郡时，放散官钱千余万，（萧）望之与丞相丙吉议，吉以为更大赦，不须考。（《韩延寿传》）

按《魏志》载许允以放散官物，徒乐浪，是魏时犹以此科罪。唐律放散官物，坐臧论，在厩库。

受官属饮食，受故官属财物

元年七月，诏曰，吏及诸有秩，受其官属所监所治所行所将，其与饮食计偿费勿论，吏迁徙免罢，受其故官属所将监治送财物，夺爵为士伍，免之。无爵，罚金二斤，令没入所受，有能捕告，畀其所受臧。（《景帝纪》）

人常有言部亭长受其米肉遗者，茂辟左右问之曰：亭长为从汝求乎？为汝有事嘱之而受乎？将平居自以恩意遗之乎？人曰：往遗之耳。茂曰，遗之而受，何故言耶？人曰：今我畏吏，是以遗之，吏既卒受，故来言耳。茂曰：汝为敝人矣，亭长素善吏，岁时遗之，礼也。人曰：苟如此，律何故禁之？茂笑曰：律设大法，礼顺人情，今我以礼教汝，汝必无怨恶，以律治汝，何所措其手足乎？（《卓茂传》）

清安侯申屠臾，元鼎元年坐为九江太守、受故官送，免。（《功臣表》）

钟离意为郡督邮，县亭长有受人酒醴，郡下法记治之。意封记曰，政化自近及远，宜先清府内，阔略远县微细之愆。（《白帖》）

按唐律，监临受供馈，去官受旧官属财物，在职制三。

诈取

孝景六年，嗣侯杨毋害坐诈给人臧六百，免。元狩元年，嗣侯郦平，坐诈衡山王取金，免。（《功臣表》）

按唐律，诈欺官私取财，在诈伪。

诈官

建和元年，诏若有擅相假印绶者，与杀人同弃市论。（《桓帝纪》）

胡倩诈称光禄大夫，从车骑数十，言使督盗贼，止陈留传舍，太守谒见，欲收取之，广明觉知，发兵，皆捕斩焉。（《田广明传》）

为茂陵令，御史大夫桑弘羊客诈称御史止传，丞不以时谒，客怒缚丞，相疑其有奸，收捕，按致其罪，论弃客市。（《魏相传》）

按唐律，诈假官，在诈伪。

诈疾病

正月旦，百官朝贺，光禄勋刘嘉、廷尉赵世，各辞不能朝。高赐举奏，皆以被病笃困，不谨不敬，请廷尉治嘉罪，河南尹治世罪。（《百官志注》引蔡质《汉仪》）

诈称病不朝，于古法当诛。（《吴王濞传》）

坐以诈疾征下狱。（《庞参传》）

以祠庙严肃，微疾不齐，中常侍蔡伦奏敞诈病，坐抵罪。（《何敞传》）

丞相御史遂以玄成实不病，劾奏之。（《韦玄成传》）

嗣侯韩释之，元朔四年，坐诈疾不从，耐为隶臣。（《功臣表》）

梁冀执金吾岁朝，托疾不朝，司隶杨雄治之，诏以二月体赎罪。（《御览》二百三十七引谢承《后汉书》）

按唐律，诈疾病有所避，在诈伪。

诈玺书

坐诈玺书，伏重刑，以有功论司寇。（《段颎传》）

按唐律，伪造皇帝宝及诈为官文书增减，均在诈伪。

教人诳告

义阳侯卫山，太始四年坐教人诳告众利侯当时，弃市。（《功臣表》）

上书触讳

元康二年，诏曰，闻古天子之名，难知而易讳也，今百姓多上书触讳以犯罪者，朕甚怜之，其更讳询诸触讳在令前者赦之。（《宣帝纪》）

班讳之典，爰自汉世。（《齐书·王慈传》）

按唐律，上书奏事犯讳，在职制二。

擅议宗庙

遗诏敢有所兴作者，以擅议宗庙法从事。（《明帝纪》）

高后时，患臣下妄非议先帝宗庙寝园官，故定著令，敢有擅议者弃市。至元帝改制，蠲除此令。成帝时以无继嗣，又复擅议宗庙

之命。（《韦玄成传》）

不举奏

王舅张博数遗王书，所言悖逆无道，王不举奏，而多与金钱，辜至不赦。（《淮阳王钦传》）

按唐律，事应奏而不奏，在职制二。

举奏非是

饶坐举奏大臣非是，左迁为卫司马。师古注，非是，不以实也。（《盖宽饶传》）

汤坐言事非是，幽囚久系，历时不决，执宪之吏，欲致之大辟。（《陈汤传》）

元狩二年，随成侯赵不虞坐为定襄都尉，匈奴败，太守以闻非实，谩免。（《功臣表》）

按唐律，奏事不实，在诈伪。

选举不实

帝即位，诏曰，今选举不实，邪佞未去，权门请托，残吏放手，有司明奏罪名，并正举者。（《明帝纪》）

旧典选举委任三府，三府有选，参议掾属，咨其行状，度其器能，受试任用，责以成功，若无可察，然后付之尚书，尚书举劾，请下廷尉，覆案虚实，行其诛罚。（《吕强传》）

二千石选举不实，是以在位多不任职。（《于定国传》）

富平侯张勃举汤茂才，汤待迁，父死不奔丧，司隶奏汤无循行，勃举不以实，坐削户二百，汤下狱。（《陈汤传》）

元延元年，诏举方正，仁阳侯立举陈咸，方进奏咸不当举方正，并奏立选举故不以实。（《翟方进传》）

司隶奏（延年孙）业为太常选举不实，业坐免官。（《杜延年传》）

为济阴太守，以举吏不实，免。（《胡广传》）

戴涉坐所举人盗金下狱，帝以三公参职，乃策免融。（《宝融传》）

有荐士于丹者，因选举之，而后所举者陷罪，丹坐以免。（《王丹传》）

元朔元年，山阳侯张当居为太常，坐选子弟不以实，免。韩立子渊为执金吾，坐选举不实，免。张谭为御史大夫，竟宁三年坐选举不实，免。（《百官公卿表》）

嗣侯王勋，坐选举不实，骂廷史不敬，免。（《恩泽侯表》）

阳嘉四年，太尉施延以选举贪污；免。（袁宏《后汉纪》）

建初八年十二月己未。诏自今以后，审四科辟召，及刺史二千石，察举茂才尤异者、孝廉吏，务实，校试以职，有非其人，不习官事，正举者故举不实为法罪之。（《御览》六百二十八引《汉官仪》）

按《史记·范睢传》，秦法任人而所任不善者，各以其罪罪之，汉盖沿秦制也。《杨伦传》任嘉所坐狼籍，未受辜戮，而改典大郡者，此等非案坐举主，无以禁绝奸萌。《贡禹传》亦言守相选举不以实及有臧者辄行其诛亡但免官。《魏志·何夔传》可修保举故不以实之令，上以观朝臣之节，下以塞争竞之原。据此知汉中叶以后，积久废弛，至魏时竟不复坐举主也。唐律贡举非其人，在职制一；保任不如所任，在诈伪。

更相荐举

长安令杨兴与捐之相善，捐之谓兴曰：京兆尹缺，使我得见言君。兴曰：我复见言君房也。石显奏兴捐之更相荐誉，请论如法，捐之弃市。（《贾捐之传》）

（弘）恭（石）显奏望之（周）堪（刘）更生朋党相称举。（《萧望之传》）

于是武举公孙禄可大司马，而禄亦举武，（王）莽风有司劾奏

武公孙禄互相称举，皆免。（《何武传》）

上书言（翟）方进与（淳于）长深结厚，更相称荐，长陷大辟，独得不坐。（《杜业传》）

（王）甫曰：卿更相拔举，迭为唇齿，其意如何？（《范滂传》）

典郡四年，坐与宗正刘轶，少府丁鸿等更相属托。（《马严传》）

华阴丞嘉上封事，言朱云兼资文武，可使以六百石秩试守，御史大夫匡衡以为大臣国家股肱，明主所慎择，而嘉猥称云，欲令为御史大夫，妄相举荐，疑有奸心，嘉竟坐。（《朱云传》）

三互

初期议以州郡相党，人情比周，乃制婚姻之家，及两州人士，不得对相监临。至是复有三互法，禁忌转密，选用艰难。注云，三互谓婚姻之家及两州人不得交互为官也。（《蔡邕传》）

史弼迁山阳太守，其妻钜野薛氏女，以三互自上，转拜平原相。（《蔡邕传》注引谢承《后汉书》）

阿党

阿党，谓治狱吏以私恩曲挠相为也。（《礼记・月令》注）

诸侯有罪，傅相不举奏，为阿党。（《高五王传》注）

稜孙演，桓帝时为司徒，大将军梁冀被诛，演坐阿党抵罪，以减死论。（《韩稜传》）

大司马（傅）喜阿党大臣，无益政治。（《朱博传》）

冯石刘喜以阿党阎显江京等策免。（《冯鲂传》）

有司举奏专权骄奢，策收印绶，自杀，阿党者皆免。（《侯览传》）

按阿党亦曰阿附，韩演以阿党抵罪，已见稜传，而《黄琼传》又云，梁冀被诛，太尉胡广、司徒韩演、司空孙朗，皆坐阿附免，是其证也。《袁安传》阿附反虏，法与同罪，魏志有十余县长吏，多阿附贵戚，赃污狠籍，于是奏免其八。

附益

建武二十四年，诏有司申明旧制阿附蕃王法。注、阿曲附益王侯者，将有重法。《光武纪》）

设附益之法。注、张晏曰：律郑氏说封诸侯过限曰附益，或曰阿媚王侯，有重法也。（《诸王侯表》）

汝昌侯傅商，元嘉元年，坐外附诸侯，免。（《恩泽侯表》）

附下罔上，擅以地附益大臣，皆不道。（《匡衡传》）

孝武皇帝时，重附益诸侯之法。（《新序》）

按《论语·先进》季氏富于周公，而求也为之聚敛，而附益之，是春秋时已有此语。《说苑》引《泰誓》附下而罔上者死，汉律盖多本古制。

左道

皆奸人惑众，挟左道。(《郊祀志》)

不知而白之，是背经术，惑左道也，皆在大辟。(《杜延年传》)

当贺良等执左道，乱朝政，皆伏诛。(《李寻传》)

左将军丹奏商执左道以乱政，甫刑之辟，皆为上戮。(《王商传》)

许皇后坐执左道，废处长定宫。(《淳于长传》)

乏祠

太初二年，睢陵侯张昌坐为太常乏祠，免。注、师古曰：祠事有阙也。(《功臣表》)

按唐律，诸大祀以故废事者徒二年，在职制一。

不斋

嗣侯萧胜，坐不斋，耐为隶臣。（《功臣表》）

元狩元年，卫尉充国坐斋不谨，弃市。（《百官公卿表》）

按唐律职制，大祀散斋不宿正寝者，一宿笞五十。

牺牲不如令

元狩六年，嗣侯栾贲坐为太常牺牲不如令，免。（《功臣表》）

元封四年，鄚侯萧寿成为太常，坐牺牲不如令论。（《百官公卿表》）

按唐律，大祀牺牲不如法，在原库。

不会

建成侯拾，元鼎二年坐贺元年十月不会，免。注、师古曰：时以十月为岁首，有贺而不及会也。（《王子侯表》）

按唐律，职制应集而不至者，笞五十。

不合众心

哀帝亦欲改易大臣，遂策免武曰：君举错烦苛，不合众心。（《何武传》）

高安侯董贤，元寿二年，坐为大司马不合众心，免，自杀。（《恩泽侯表》）

软弱不胜任

古者大臣坐罢软不胜任者，不谓罢软，曰下官不职。（《贾谊新书》）

尊子伯亦为京兆尹，坐软弱不胜任，免。（《王尊传》）

丈夫为吏正，坐残贼免，追思其功效，则复进用矣。一坐软弱不胜任免，终身废弃，无有赦时，其羞辱甚于贪污坐臧。（《尹赏传》）

广汉太守扈商，软弱不任职，宝到部，亲入山谷，谕告群盗，非本造意渠率，皆得悔过自出，遣归田里。自劾矫制，奏商为乱首。注、师古曰：由商不任职，致有贼盗，故云为乱首也。（《孙宝传》）

光禄大夫张谭仲叔为京兆尹，不胜任，免。（《百官公卿表》）

按《魏志·钟繇传》注引《魏略》云，又聪明蔽塞，为下所欺，弱不胜任数罪，谨以劾，臣请法车征诣廷尉治繇罪。《孙礼传》礼上疏云、此臣软弱不胜其任，臣亦何颜尸禄素餐，是魏时犹沿汉制也。

免罢守令，自非诏征，不得妄到京师。（《苏不韦传》引汉法）

非正

元始三年，嗣平周侯丁满，坐非正免。元寿二年，嗣汝昌侯傅昌，以商兄子绍奉祀封，坐非正免。阳新侯郑业，坐非正免。元延三年，嗣荣平侯赵岑，坐父钦诈以长安女子王君侠子为嗣，免。（《恩泽侯表》）

复阳侯陈强，元狩二年，坐父拾非嘉子免，嗣杜侯福，河平四年坐非子免。（《功臣表》）

岑坐非子免，国除。（《赵充国传》）

按唐律，非正嫡诈承袭，在诈伪。

寡给

建武六年，诏郡国有谷者，给禀高年鳏寡孤独、及笃癃无家属、贫不能自存者。注，汉律，今亡。（《光武纪》）

元和三年，诏婴儿无父母亲属，及有子不能养食者，禀给如律。

按程大昌《演繁露》云，《风俗通》《论汉法》《九章》，因言曰：夫吏者治也，当先自正，然后正人，故文书下如律令，言当承宪履绳，动不失律令也。今道流符咒家，凡行移悉仿官府制度，则其符咒之云如律令者，是仿官文书为之。

禀假贫人

（宪弟）镶坐禀假贫人，徒封罗侯。注、禀假贫人，非侯家之法，故坐焉。（《窦宪传》）

是时长吏二千石，听百姓滴罚者输赎，号为义钱，托为贫人储，而守令因以聚敛。永平章和中，州郡以走卒钱给贷贫人，司空劾案，州及郡县皆坐免黜，今宜遵前典，蠲除权制。（《虞诩传》）

按唐律，出纳官物有违，在厩库。

禀贫人不实

拜陈留太守，坐禀贫人不实，司寇论。（《鲁丕传》）

度田不实

河南尹张伋及诸郡守十余人，坐度田不实，皆下狱死。（《光武纪》）

是时天下垦田，多不以实，又户口年纪，互有增减，诏下州郡检核其事，而刺史太守，多不平均。于是遣谒者考实，具知奸状。隆坐征下狱，其畴辈十余人皆死，以隆功臣，特免为庶人。（《刘隆传》）

坐度人田不实，以章有功，但司寇论。（《李章传》）

般上书吏举度田，欲令多前，可申敕刺史二千石，务令实核，其有增加，告与脱田同罪。（《刘般传》注引华峤《后汉书》）

永以度田不实，被征。（《东观汉记·鲍永传》）

按《晋书·傅玄传》，玄上便宜五事，首以二千石虽奉务农之诏，犹不勤心以尽地利，昔汉氏以垦田不实，征杀二千石以十数，臣愚，以为宜申汉氏旧典，以警戒天下郡县，皆以死刑督之。是此律至晋已废也。

田租三十税一

汉兴，天下既定，高帝约法、省禁，轻田租，什五而税一。（《食货志》）

减田租，复什五税一，注、邓展曰：汉家初什五税一，俭于周什税一也，中间废，今复之也。（《惠帝纪》）

三年，令民半出田租，三十而税一。（《景帝纪》）

诏曰：顷者师旅未解，用度不足，故行什一之税。今军士屯田，粮储差积，其令郡国收见田租三十税一，如旧制。（《光武纪》）

古者制田，百步为亩，什而籍一。先帝哀怜百姓之愁苦，衣食不足，制田二百四十步为一亩，率三十而税一。（《盐铁论》）

十伤二三实除减半

若今十伤二三，实除减半。疏云，举汉法以况，谓汉时十分之内伤二分三分，余有七分八分在。实除减半者，谓就七分八分中为实在，仍减去半不税，于半内税之。（《周礼·地官·司稼》注）

诏今年郡国秋稼，为旱蝗所伤，其什四以上勿收田租，刍藁有不满者，以实除之。注、所损十不满四者，以见损除也。（《和帝纪》）

被灾害什四以上

建始元年，诏郡国被灾什四以上，毋收田租。（《成帝纪》）

诏令水所伤县邑及他郡国灾害什四以上、民赀不满十万，皆无出今年租赋。（《哀帝纪》）

熹平四年，诏令郡国遇灾者，减田租之半，其伤什四以上，勿收责。（《灵帝纪》）

出为清河太守，坐郡中被灾害什四以上、免。（《何武传》）

按唐律，部内旱涝霜雹，在户婚二。

河决

建始三年，尹忠为御史大夫，坐河决，自杀。（《百官公卿表》）

按唐律，失时不修提防，在杂律一。

邮程

如今邮行有程矣。（《周礼·地官·掌节》注）

其驿骑也，三骑行昼夜，千里为程。（《汉旧仪》）

按唐律，驿使稽程，在职制二。

八月案比

今时八月案比。疏、汉时八月案比，而造籍书。周以三年大比，未知定用何月，故以汉法况之。（《周礼·地官·小司徒》注）

高祖四年八月，初为算赋，故汉率用八月算人。（《东汉会要》）

望后利日

若今时望后利日。疏、利日，即合刑杀之日。（《周礼·秋官·卿士》注）

按唐律有禁杀日，在断狱二。

考竟

狱死曰考竟，考得其情，竟其命于狱也。（《释名》）

永初元年，诏自今长吏被考竟未报。（《安帝纪》）

阳嘉三年，诏以久旱，京师诸狱，无轻重皆且勿考竟。（《顺帝纪》）

其令中都官系囚，罪非殊死，考未竟者，一切任出，以须立秋。（《质帝纪》）

再迁临淮太守，数年坐法免。注，《东观记》曰：坐考长吏囚死狱中。（《朱晖传》）

按唐律，断狱死罪囚辞穷竟。《疏义》曰：谓死罪囚辞状穷竟。《度尚传》，诏书征尚到廷尉，辞穷受罪。《急就篇》辞穷情得具狱坚，义与唐律同。然则考竟者，乃考实以竟其事，非谓竟其命于狱中也。《释名》恐误。

读鞫

汉世问罪谓之鞫。（《尚书·吕刑·正义》）

读鞫已，乃论之。疏鞫、谓劾囚之要辞，行刑之时，读已乃论其罪。（《周礼·秋官·小司寇》注）

臣孤恩负义，自陷重刑，情断意讫，无所复望。廷尉鞫遣，欧刀在前，棺絮在后。（《袁敞传》）

孝宣倍深文之吏，立鞫讯之法。（《宋书·谢庄传》）

按唐律断狱二，诸狱结竟，徒以上各呼囚及其家属具告罪名，仍取囚服辨。

乞鞫

徒论决满三月，不得乞鞫。（《周礼·秋官·朝士》注）

二岁刑以上，得以家人乞鞫。（《晋书·刑法志》）

辞讼有券书为治之。（《周礼·秋官·朝士》注）

书罪

楬头明书其罪法。疏、明用刑以板书其姓名及罪状，著于身。（《周礼·秋官·司烜》注）

故常愿捐一旦之命，不待时而断奸臣之首，县于都市，编书其罪，使四方明知为恶之罚。（《诸葛丰传》）

叱吏断头，持还县所剥鼓，置都亭下，署曰故侍中王林卿坐杀人埋冢舍，使奴剥寺门鼓。（《何并传》）

大书帛于其背。注、贾山云，衣赭衣，书其背，汉之罪人如此。（惠栋《后汉书补》注）

鞫狱不实

新畤侯赵弟，太始三年，坐为太常鞫狱不实，入钱百万赎死，完为城旦。（《功臣表》）

下广汉廷尉狱，又坐贼杀不辜，鞫狱故不以实，擅斥除骑士，乏军兴数罪。（《赵广汉传》）

赦

践祚改元，立皇后太子，赦天下。每赦，自殊死以下及谋反大逆不道诸不当得赦者，皆赦除之。命下丞相御史复奏，可分遣丞相御史，乘传驾，行郡国，解囚徒，布诏书。郡国各分遣吏，传厩车马，行属县，解囚徒。（《初学记》二十引《汉旧仪》）

陈赦前事

诏有司无得举赦前事。（《哀帝纪》）

自今以来，有司毋得陈赦前事，置奏上，有不如诏书，为亏恩，以不道论。（《平帝纪》）

御史中丞劾尊妄詆欺，非谤赦前事。（《王尊传》）

知（傅）喜（何）武前已蒙恩诏决事，更三赦，博执左道，亏损上恩。（《朱博传》）

钟威所犯，多在放前。（《何并传》）

按唐律，以放前事相告言，在斗讼四。

率

制众建计谓之率。（《晋书·刑法志》引张斐《律表》）

孤儿幼，年未满十岁，无罪而坐率。注、服虔曰：率、坐刑法也。如淳曰：率、家长也。师古曰：幼年无罪，坐为父兄所率而并徙，如说近之。（《万石君传》）

民有诬告济为谋叛主率者。（《魏志·蒋济传》）

按唐贼盗律谋叛条，有率部众百人以上、及所率虽不满百人等语。又小注，协同谋计乃坐被驱率者，非余条被驱率者，准此。疑率本汉律中语，唐盖沿汉律也。

减死一等

元和元年，诏郡国中都官系囚，减死一等。（《章帝纪》）

廷尉免冠，为弟请一等之罪。注、如淳曰：减死罪一等。（《何并传》）

元帝初元五年，轻殊死刑三十四事。哀帝建平元年，轻殊死刑八十一事，其四十二事手杀人者，减死一等。（《梁统传》）

按《魏志·钟繇传》，科律自有减死一等之法，是减死一等，亦汉律中语也。

二百五十以上

师古曰：二百五十以上者，当时律令坐罪之次，若今律条言一尺以上一匹以上矣。（《萧望之传》注）

十金以上

师古曰：十金以上，当时律定罪之次，若今律条言一尺以上，一匹以上。（《匡衡传》注）

昼夜共百刻

漏之箭昼夜共百刻，冬夏之间有长短焉，太史立成法，有四十八箭。疏、此据汉法而言。（《周礼·春官》挈壶氏注）

马融云，昼有五十刻，夜有五十刻，据日出日入为限。蔡邕以为星见为夜，日入后三刻据日出前三刻皆属昼。昼有五十六刻，夜有四十四刻。郑康成注《尚书》云，日中星以为日见之漏五十五刻，不见之漏四十五刻，与蔡校一刻也。大略亦同。（《礼记》月令疏）

漏以铜盛水刻节，昼夜百刻。（《说文》）

按《哀帝纪》，以建平元年为太初元年，号曰陈圣刘太平皇帝漏刻，以百二十为度。注、韦昭曰：旧漏昼夜共百刻，今增其二十，是中叶曾为异制也。唐律名例称日者以百刻，盖沿汉制。

六 沿革考

汉自高祖约法三章，萧何造律，及孝文即位，躬修玄默，其时将相，皆旧功臣，少文多质，议论务在宽厚，刑罚太省，断狱四百，有刑措之风焉。孝武外事四夷之功，内盛耳目之好，征发烦数，百姓贫耗，穷民犯法，奸轨不胜。于是招进张汤赵禹之属，条定律令，法令之繁，自武帝始也。宣帝少在闾阎，知民疾苦，及即尊位，即置廷平，斋戒决事，号称治平。元帝因郑昌之议，下诏删定律令，有司奉行故事，钩摭微细，以塞诏旨。哀平以降，王氏秉国，多改汉制。及光武中兴，解王莽之繁密，还汉世之轻法。其时梁统请重刑罚，桓谭请校科比，群臣又上言宜增科禁，皆寝不报。明帝号称苛察，郎官率用鞭杖，章帝素知人厌明帝苛切，事从宽厚，感陈宠之议，则除惨酷之科；深元元之爱，则著胎养之令，故史称明帝察察，章帝长者。和殇以降，王室寖微，建安中叶，应劭有删定律令之议。然其时政在曹氏，无可为者。盖自萧何定律，三百余年之间，代有增损，其间天子之诏令，臣工之建议，尚有可得而考者。兹依编年之例，详著于篇，作《沿革考》。

高帝

汉元年冬十一月，召诸县豪杰曰：父老苦秦苛法久矣，诽谤者族，耦语者弃市。吾与诸侯约，先入关者王之，吾当王关中，与父老约法三章耳。杀人者死，伤人及盗抵罪，余悉除去秦法。（《纪》）

其后四夷未附，兵革未息，三章之法，不足以御奸。于是相国萧何捃摭秦法，取其宜于时者，作律《九章》。（《刑法志》）

四年八月初为算赋。（《纪》）

七年，令郎中有罪耐以上请之。（《纪》）

是年制诏御史，自今以来，县道官狱疑者各谳所属二千石官，二千石官以其罪名当报之。所不能决者，皆移廷尉，廷尉亦当报之。廷尉所不能决，谨具为奏所当比律令以闻。（《刑法志》）

十一年，令诸侯王通侯，常以十月朝献，及郡各以其口数率人岁六十三钱，以给献费。（《纪》）

张苍定章程。（《纪》）

高祖令贾人不得衣丝乘车。（《史记·平准书》）

按《食货志》云，今法律贱商人，是已著为律也。《群书治要》四十五引《政论》云，律令虽有舆服制度，然禁之又不密，贾人之列，户蹈逾侈矣。又云：婢妾皆戴瑱褅之饰，而被织文之衣，是中叶以后，此令已渐弛也。

惠帝

孝惠即位，叔孙通定宗庙仪法，及稍定汉诸仪法。(《叔孙通传》)

以（叔孙）通为奉常，遂定仪法，未尽备通而终。（《礼乐志》）

秦有天下，悉内六国礼仪，采择其善，虽不合圣制，其尊君抑臣，朝廷济济，依古以来，至于高祖，光有四海，叔孙通颇有所增益减损，大抵皆袭秦。故自天子称号，下至佐僚及宫室官名，少所变改。（《史记·礼书》）

爵五大夫、吏六百石以上，及宦皇帝而知名者，有罪当盗械者，皆颂系。上造以上、及内外公孙耳孙有罪当刑，及当为城旦舂者，皆耐为鬼薪白粲。民年七十以上，若不满十岁有罪当刑者，皆完之。（《纪》）

元年，民有罪，得买爵三十级，以免死罪。（《纪》）

四年，省法令妨吏民者，除挟书律。（《纪》）

六年，令民得买爵。（《纪》）

高后

元年，诏曰：前日孝惠皇帝言，欲除三族罪妖言令，议未决而崩，今除之。（《纪》）

高后时，复弛商贾之律，然市井之子孙，亦不得仕宦为吏。（《史记·平准书》）

定著令，敢有擅议宗庙者弃市。（《韦玄成传》）

文帝

元年，尽除收帑相坐律令。（《纪》）

应劭曰：秦法一有罪，并坐其家室，今除此律。（《史记·集解》）

是年三月养老具为令。（《纪》）

二年，诏曰：今法有诽谤妖言之罪，是使众臣不敢尽情而上无由闻过失也，将何以来远方之贤良？其除之。民或祝诅上以相约，而后相谩，吏以为大逆。其有他言，吏又以为诽谤。此细民之愚，无知抵死，朕甚不取。自今以来，有犯此者，勿听治。（《纪》）

四年，绛侯周勃有罪，逮诣廷尉诏狱。贾谊上疏曰：古者廉耻节礼，以治君子，故有赐死而无戮辱。是以黥劓之罪，不及大夫。今自王侯三公之贵，皆天子所改容而礼之也，而令与众庶同黥劓髡刖笞侮弃市之法，被戮辱者不大迫乎？夫尝已在贵宠之位，今而有过，废之可也，退之可也，赐之死可也，灭之可也。若夫束缚之，系緤之，输之司寇，编之徒官，司寇小吏，詈骂而篣笞之，殆非所以令众庶见也。是时丞相周勃免就国，人有告勃谋反，逮系长安狱治，卒无事，故谊以此讥上。上深纳其言，是后大臣有罪皆自杀，不受刑。至武帝时，稍复入狱，自宁成始。（《文献通考》）

五年除钱律。（《史记·将相名臣表》）

十二年，除关无用传。（《纪》）

十三年，除秘祝。（《纪》）

祝官有秘祝，有灾祥，辄祝祠移过于下。（《郊祀志》）

按王安石云，文帝除秘祝法，为萧何法之所有。

是年五月除肉刑。（《纪》）

太仓令淳于公有罪，当刑诏狱，逮系长安。淳于公无男，有五女，当行会逮，骂其女曰：生子不生男，缓急非有益。其少女缇萦，自伤悲泣，乃随其父至长安。上书曰：妾父为吏，齐中皆称其廉平，今坐法当刑。妾伤夫死者不可复生，刑者不可复属，虽后欲改过自新，其道亡繇也。妾愿没入为官婢，以赎父刑罪，使得自新。书奏，天子怜悲其意。遂下令曰：制诏御史，盖闻有虞氏之时，画衣冠，异章服以为戮，而民弗犯，何治之至也。今法有肉刑三而奸不止，其咎安在？非乃朕德之薄而教不明与？吾甚自愧。故夫训道不纯，而愚民陷焉。诗曰：恺弟君子，民之父母，今人有过，教未施而刑已加焉，或欲改行为善而道亡繇至，朕甚怜之。夫刑至断支体，刻肌肤，终身不息，何其刑之痛而不德也，岂为民父母之意哉？其除肉刑，有以易之。及令罪人各以轻重不亡逃有年而免，具为令。丞相张苍、御史大夫冯敬奏言，肉刑所以禁奸，所由来者久矣。陛下下明诏，怜万民之一有过被刑者，终身不息，及罪人欲改行为善而道亡繇至，甚盛德，臣等所不及也。臣谨议请定律曰：诸当完者完为城旦舂，当黥者髡钳为城旦舂，当劓者笞三百，当斩左趾者笞五百，当斩右趾、及杀人先自告、及吏坐受赇枉法、守县官财物而即盗之、已论命复有笞罪者，皆弃市。罪人狱已决完为城旦舂，满三岁为鬼薪白粲，鬼薪白粲一岁为隶臣妾，隶臣妾一岁，免为庶人。隶臣妾满二岁为司寇，司寇一岁及作如司寇二岁，皆免为庶人。其亡逃及有耐罪以上，不用此令。前令之刑城旦舂岁而非禁锢者，完为城旦舂岁数以免。臣昧死请。制曰可。（《刑法志》）

是年除田租税律。（《史记·将相名臣表》）

是年除戍卒令。（同上）

后元年，新垣平诈觉谋反，夷三族。（《纪》）

后七年，令天下吏民，令到，出临三日，皆释服，无禁取妇、嫁女、祠祀、饮酒食肉，自当给丧事服者，皆无践。（注、徒跣也）绖带无过三寸，无布车及兵器。无发民哭临宫殿中，当临者皆以旦夕各十五举音，礼毕罢，非旦夕临时，禁无得擅哭临以下。服大红十五日，小红十四日，纤七日，释服。他不在令中者，皆以此令比类从事，布告天下。（《纪》）

令民入粟边六百石爵上造，稍增至四千石为五大夫，万二千石为大庶长。（《食货志》）

作酎金律。（《礼仪志》注）

景帝

元年，诏曰：吏受所监临以饮食免，重；受财物贱买贵卖论，轻。廷尉与丞相更议著令。（《纪》）

是年诏曰：加笞与重罪无异，幸而不死，不可为人，其定律笞五百者曰三百，笞三百者曰二百。（《刑法志》）

二年，令天下男子，年二十始傅。（《纪》）

中元二年，改磔曰弃市，勿复磔。（《纪》）

四年，死罪欲腐者，许之。（《纪》）

是年，复置诸关，用传出入。（《纪》）

五年，诏诸狱疑，若虽文致于法，而于人心不厌者，辄谳之。（《纪》）

六年，定铸钱伪黄金弃市律。（《纪》荀悦《汉纪律》作令）

是年诏曰：加笞者或至死而笞未毕，朕甚怜之，其减笞三百曰

二百，笞二百曰一百。又曰：笞者所以教之也，其定箠令。（《刑法志》）

是年五月，诏曰：夫吏者、民之师也，车驾衣服宜称。吏六百石以上，智长吏也。亡度者或不吏服，出入闾里，与民无异。令长吏二千石车朱两幡，千石至六百石朱左幡。车骑从者不称其官，衣服下吏，出入闾巷亡吏体者，二千石上其官，属三辅举不如法令者。（《纪》）

后元年诏曰：狱、重事也，人有智愚，官有上下，狱疑者谳有司，有司所不能决，移廷尉，有令谳而后，不当谳者不为失。（《纪》）

三年，著令，年八十以上八岁以下、及孕者未乳师侏儒当鞠系者，颂系之。（《刑法志》）

其令郡国务劝农桑，益种树，可得衣食物。吏发民若取庸采黄金珠玉者，坐臧为盗，二千石听者与同罪。（《纪》）

复修卖爵令。（《食货志》）

景帝以错为内史，法令多所更定。（《晁错传》）

令当弃市欲斩右趾者许之。（《魏志·钟繇传》）

武帝

孝武即位，招进张汤赵禹之属，条定法令，作见知故纵监临部

主之法。（《刑法志》）

张汤制越宫律。（《御览》刑法部引张斐《律序》）

赵禹作朝会正见律。（同上）

作左官之律。（《诸侯王表》）

作沈命法。（《咸宣传》）

重首匿之科。（《梁统传》）

太常著功令。（《儒林传》）

定令，令票骑将军秩禄与大将军等。（《霍去病传》）

著令封君以下至三百石吏以上差出牡马。（《食货志》）

嗣侯召延，元封六年，坐不出牡马要斩。（《功臣表》）

著令，令民得畜边县，官备母马，三岁而归，及息什一。（同上）

下缗钱令。（《功臣表》）

张汤奏，颜异九卿，见令不便，不入言而腹非，论死，是后有腹非之法比。（同上）

吏二千石有罪先请。（《刘屈氂传》）

加口钱。（《明帝纪》注引《汉仪》注）

始启河右四郡，议诸疑罪而谪徙之。（《魏书·刑罚志》）

元狩五年，徙天下奸猾吏民于边。（《纪》）

太初四年，令死罪入赎钱五十万，减死一等。（《纪》）

昭帝

始元元年，诏往时令民共出马，其止勿出。（《纪》）

六年，令民得以律占租。（《纪》）

宣帝

宣帝初即位，温舒上书，言宜尚德缓刑，上善其言。（《路温舒传》）

本始四年，诏律令有可蠲除以安百姓者条奏。（《纪》）

地节三年，初置廷尉平四人。（《纪》）

是年谏议大夫郑昌上疏，言今明主躬垂明听，虽不置廷尉平，狱将自正。若开后嗣，不若删定律令，律令一定，愚民知所避畏，奸吏无所弄权柄。今不正其本而救其末，世衰毁则廷尉平招权而为乱首矣。（荀悦《汉纪》）

四年二月，诏曰：自今诸有大父母父母丧者勿繇事，使得收敛送终，尽其子道。（《纪》）

孝宣旧令云，人从军屯及给事县官者，大父母死未满三月，皆勿繇，令得葬送。（《陈忠传》）

是年五月，诏自今子首匿父母，妻匿夫，孙匿大父母，皆勿坐。其父母匿子，夫匿妻，大父母匿孙，罪殊死，皆上请廷尉以

闻。（《纪》）

是年九月，诏曰：今系者或以掠辜若饥寒，瘐死狱中，何用心逆人道也，朕甚痛之。其令郡国岁上系因以掠笞若瘐死者所坐名县爵里，丞相御史课殿最以闻。（《纪》）

元康三年，令三辅毋得以春夏擿巢探卵，弹射飞鸟，具为令。（《纪》）

四年，诏曰：朕惟耆老之人，发齿堕落，血气衰微，亦亡暴虐之心。今或罹文法，拘执囹圄，不终天命，朕甚怜之。自今以来，诸年八十以上，非诬告杀伤人，他皆勿坐。（《纪》）

神爵二年，上方用刑法。盖宽饶奏封事曰：方今圣道浸微，儒术不行，以刑余为周召，以法律为《诗》《书》。书奏，上以宽饶为怨谤，遂下狱。宽饶引佩剑自杀。（荀悦《汉纪》）

三年，诏曰：吏不廉平则治道衰，今小吏皆勤事而奉禄薄，欲其毋侵渔百姓，难矣。其益吏百石以下奉十五。（《纪》）

五凤二年，诏曰：夫婚姻之礼，人伦之大者也，酒食之会，所以行礼乐也，今郡国二千石，或擅为苛禁，禁民嫁娶不得具酒食相贺召，由是废乡党之礼，令民亡所乐，非所以导民也。勿行苛政。（《纪》）

黄龙元年，诏吏六百石位大夫有罪先请。（《纪》）

宣帝时于定国删定律令科条。（《唐六典》注）

于定国集诸法律，凡九百六十卷，大辟四百九十条千八百八十

二事。（《魏书·刑罚志》）

元帝

元帝初立，下诏曰：夫法令者，所以抑暴扶弱，欲其难犯而易避也。今律令烦多而不约，自典文者不能分明，而欲罗元元之不逮，斯岂刑中之意哉？其议律令可蠲除轻减者条奏。（《刑法志》）

初元五年，省刑罚七十余事，除光禄大夫以下至郎中保父母同产之令。注、应劭曰：旧时相保，一人有过，皆当坐之。（《纪》）

是年轻殊死刑三十四事。（《东观汉记》）

蠲除擅议宗庙弃市之令。（《韦玄成传》）

著令令太子得绝驰道。（《纪》）

成帝

河平中，诏曰：甫刑云，五刑之属三千，大辟之罚，其属二百。今大辟之刑，千有余条，律令烦多，百有余万言，其与中二千石博士及明习律令者，议减死刑及可蠲除约省者。（《刑法志》）

鸿嘉元年，令年未满七岁贼斗杀人及犯殊死者，上请廷尉以闻，得减死。（同上）

永始四年，诏青绿民所常服，且勿止。注、师古曰：然则禁红紫之属。（《纪》）

复擅议宗庙弃市令。（《韦玄成传》）

哀帝

哀帝即位，诏诸侯王、列侯、公主、二千石及豪富民，多畜奴婢，田宅亡限，与民争利，百姓失职，重困不足。其义限列。有司条奏，诸王列侯名田国中，列侯在长安及公主名田县道，关内侯吏民名田，皆无得过三十顷。诸侯王奴婢二百人，列侯公主百人，关内侯吏民三十人，年六十以上，十岁以下不在数中。贾人皆不得名田为吏。犯者以律论，诸名田畜奴婢过品，皆没入县官。（《纪》）

除任子令及诽谤诋欺法。（《纪》）

禁有司无得举赦前往事。（《纪》）

建平元年，轻殊死刑八十一事。（《东观汉记》）

平帝

平帝即位，诏曰：夫赦令者，将与天下更始，诚欲令百姓改行絜己，全其性命也。往者有司多举奏赦前事，累增罪过，诛陷亡辜，殆非重信慎刑，洒心自新之意也。及选举者，其历职更事有名之士，则以为难保，废而不举，甚谬于赦小过举贤材之义。诸有臧及内恶未发而荐举者，皆勿案验，令士厉精乡进，不以小疵妨大材。自今以来，有司无得陈赦前事置奏上。有不如诏书，为亏恩，以不道论，定著令，布告天下，使明知之。（《纪》）

元始元年，令公列侯嗣子有罪耐以上，先请。（《纪》）

天下女徒已论，归家顾山钱，月三百。（《纪》）

四年，诏曰：其明敕百寮妇女非身犯法、及男子年八十以上七岁以下、家非坐不道诏所名捕，它皆无得系。其当验者即验问，定著令。（《纪》）

哀平即位日浅，丞相嘉等，猥以数年之间，亏除先帝旧律百有余事，咸不厌人心。（袁宏《后汉纪》）

光武帝

光武长于民间，颇达情伪，天下已定，务用安静。解王莽之繁密，还汉世之轻法。注、王莽春夏断人于市，一家铸钱，保伍人入没为官奴婢，男子槛车，女子步铁锁琅珰其颈，愁苦死者十七八。（《循吏传》）

建武二年，诏曰：顷狱多冤人，用刑深刻，朕甚愍之。孔子云：刑罚不中，则民无所措手足。其与中二千石诸大夫博士议郎议

省刑罚。（《纪》）

是年五月，诏曰：民有嫁妻卖子欲归父母者，恣听之，敢拘执，论如律。（《纪》）

三年七月，诏曰：吏不满六百石下至墨绶长相，有罪先请。男子八十以上、十岁以下，及妇人从坐者，自非不道，诏所名捕，皆不得系。当验问者，即就验。女徒顾山归家。（《纪》）

六年，命郡国有谷者给禀。高年鳏寡孤独及笃癃无家属、贫不能自存者，如律。（《纪》）

七年，诏中都官三辅郡国出系囚，非犯殊死，皆一切勿案其罪，见徒免为庶民，耐罪亡命，吏以文除之。（《纪》）

是年五月，诏、吏人遭饥乱及为青徐贼所略为奴婢下妻，欲去留者，恣听之，敢拘制不还，以卖人法从事。（《纪》）

十一年二月，诏曰：天地之性，人为贵，其杀奴婢，不得减罪。（《纪》）

是年八月，诏曰：敢炙灼奴婢，论如律，免所炙灼者为庶民。（《纪》）

是年十月，诏除奴婢射伤人弃市律。（《纪》）

十三年、高山侯梁统上疏请严刑，不报。（《文献通考》）

略曰：自高祖之兴，至于孝宣，因循旧章，不轻改革，海内称理。初元建平，所减刑罚，百有余条，而盗贼寖多，岁以万数。刑轻之作，反生大患。议上、不报。（《梁统传》）

统拜太中大夫，在朝廷数陈便宜，以为法令既轻，下奸不胜，宜重刑罚，以遵旧典。（《书钞》五十六引《续汉书》）

是年十二月，诏易州民自八年以来被略为奴婢者，皆一切免为庶民。或依托为人下妻欲去者，恣听之，敢拘留者，比青徐二州，以略人法从事。（《纪》）

十四年，群臣请增科禁，不许。（《文献通考》）

群臣上言，古者肉刑严重，则人畏法令，今宪律轻薄，故奸轨不胜，宜增科禁，以防其源。诏下公卿，杜林奏以为宜如旧制，不合翻移，从之。（《杜林传》）

十六年，遣使者下郡国，听群盗自相纠擿，五人共斩一人者，除其罪。吏虽逗留回避故纵者，皆勿问，听以禽讨为效。其牧守令长，坐界内盗贼而不收捕者，又以畏愞捐城委守者，皆不以为负，但取获贼多少为殿最，惟蔽匿者乃罪之。于是更相追捕，贼并解散，徙其魁帅于他郡，赋田受禀，使安生业。（《纪》）

十八年，诏曰：今边郡盗谷五十斛，罪至于死，开残吏妄杀之路，其蠲除此法，同之内郡。（《纪》）

十九年，马援条奏越律与汉律驳者十余事，与越人申明旧制以约束之。（《马援传》）

二十二年，令徒皆弛解钳衣丝絮。注、旧法在徒役者不得衣丝絮，今赦许之。（《纪》）

二十四年，诏有司申明旧制阿附蕃王法。（《纪》）

二十六年，诏有司增百官奉，其千石已上，减于西京旧制；六百石已下，增于旧秩。（《纪》）

二十八年，诏死罪系囚，皆一切募下蚕室，其女子宫。（《纪》）三十一年亦有此令。

二十九年，诏天下系囚，自殊死已下，减本罪各一等；不孝不道，不在此书。（袁宏《后汉纪》）

桓谭上疏，请令通义理明习法律者校定科比，一其法度。书奏、不省。（《桓谭传》）

明帝

明帝即位，诏天下亡命殊死以下，听得赎论，死罪入缣二十匹，右趾至髡钳城旦舂十匹，完城旦舂至司寇作三匹。其未发觉，诏书到先自告者，半入赎。（《纪》）

按永平十五年，诏增赎死罪缣四十匹，完城旦至司寇五匹。十七年，诏又发赎死非三十匹。

永平三年，诏有司详刑慎罚，明察单辞。（《纪》）

八年，诏三公募郡国中都官死罪系囚，减罪一等，勿笞，诣度辽将军营，屯朔方五原之边县，妻子自随，便占著边县，父母同产

欲相代者，恣听之。其大逆无道殊死者，一切募下蚕室，亡命者，令赎罪各有差。（《纪》）

九年，诏郡国死罪囚减罪，与妻子诣五原朔方，占著所在。（《纪》）

十六年，诏令郡国中都官死罪系囚，减死罪一等，勿笞，诣军营，屯朔方敦煌，妻子自随。父母同产欲求从者，恣听之。女子嫁为人妻，勿与俱。谋反大逆无道，不用此书。（《纪》）

十七年，令武威张掖酒泉敦煌及张掖属国系囚右趾已下任兵者，皆一切勿治其罪，诣军营。（《纪》）

明帝时政事严峻，故卿皆鞭杖。（袁宏《后汉纪》）

明帝性褊察，常以事怒郎梁崧，以杖撞崧，崧走入床下。上怒甚，疾言曰：郎出、郎出。崧曰：天子穆穆，诸侯皇皇，未闻人君自起撞郎？上乃赦之。（《御览》九十一及二百十五引）

帝尤任文法，总揽威柄，权不借下。（《御览》九十一引华峤《后汉书》）

章帝

建初五年，诏曰：今吏多不良，擅行喜怒，或案不以罪，迫胁无辜，致令自杀者一岁且多于断狱，甚非为人父母之意也。有司其议纠举之。（《纪》）

七年，诏天下系囚减死一等，勿笞，诣边戍，妻子自随，占著所在，父母同产欲相从者，恣听之。有不到者，以乏军兴论。及犯殊死，一切募下蚕室，其女子宫。系囚鬼薪白粲已上，皆减本罪各一等，输司寇作。亡命赎死罪入缣二十匹，右趾至髡钳城旦舂十匹，完城旦至司寇三匹。吏人有罪未发觉，诏书到日自告者，半入赎。（《纪》元和元年章和元年诏略同）

建初中，有人侮辱人父者而其子杀之，肃宗贳其死，自后因以为比，遂定其议以为轻侮法。（《张敏传》）

元和元年，诏曰：自往者大狱已来，掠考多酷，钻鑚之属，惨苦无极，念其痛毒，怵然动心。《书》曰鞭作官刑，岂云若此，宜及秋冬理狱，明为其禁。（《纪》）

肃宗初，宠为尚书，是时承永平故事，吏政尚严切，尚书决事，率近于重。庞以帝新即位，宜改前世苛俗。帝纳宠言，每事务于宽厚，其后遂诏有司，绝钻鑚诸惨酷之科，解妖恶之禁，除文致之情，谳五十余事，定著于令。（《陈宠传》）

是年令郡国募人无田欲徙他界就肥饶者，恣听之。到在所，赐给公田，为雇耕佣赁种饷贳与田器，勿收租五岁，除算三年，其欲还本乡者，勿禁。（《纪》）

是年十二月，诏曰：往者妖言大狱，所及广远，一人犯罪，禁至三属，莫得垂缨，士宦王朝，如有贤才而没齿无用，朕甚怜之，非所谓与之更始也。诸以前妖恶禁锢者，一皆蠲除之，以明弃咎之

路，但不得在宿卫而已。（《纪》）

二年胎养具为令。（《纪》）

是年，又诏曰：方春生养，万物莩甲，宜助萌阳，以育时物。其令有司，罪非殊死，且勿案验，及吏人条书相告，不得听受，冀以息事宁人，敬奉天气。立秋如故。（《纪》）

是年七月定律无以十一月十二月报囚。（《纪》）

汉旧事断狱报重，常尽三冬之月。是时帝始改用冬初十月而已。元和二年早，长水校尉贾宗等上言，以为断狱不尽三冬，故阴气微弱，阳气发泄，招致灾旱，事在于此。帝以其言下公卿议。陈宠奏曰：夫冬至之节，阳气始萌，故十一月有兰射千芸荔之应。时令曰、诸生荡，安形体。天以为正，周以为春。十二月阳气上通，雉雊鸡乳，地以为正，殷以为春。十三月阳气已至，天地已交，万物皆出，蛰虫始振，人以为正，夏以为春。三微成著，以通三统。周以天元，殷以地元，夏以人元。若以此时行刑，则殷周岁首，皆当流血，不合人心，不稽天意。《月令》曰、孟冬之月趣狱刑，无留罪，明大刑毕在立冬也。又仲冬之月，身欲宁，事欲静，若以威怒，不可谓宁，若以行大刑，不可谓静。议者咸曰，旱之所由，咎在改律。臣以为殷周断狱，不以三微而化致康平，无有灾害。自元和以前，皆用三冬，而水旱之异，往往为患。由此言之，灾害自为他应，不以改律。秦为虐政，四时行刑，圣汉初兴，改从简易。萧何草律，季秋论囚，俱避立春之月，而不计天地之正、三王之春，实颇有违。陛下探幽析微，允执其中，革百载之失，建永年之功，上有迎承之敬，下有奉微之惠，稽春秋之文，当《月令》之意，圣功美业，不宜中疑。书奏，帝纳之，遂不复改。（《陈宠传》）

三年，诏曰：盖人君者，视民如父母，有憯怛之忧，有忠和之教，匍匐之救。其婴儿无父母亲属及有子不能养食者，禀给如律。（《纪》）

是年，郭躬条诸重文可从轻者四十一事，奏之，事皆施行，著于令。（《郭躬传》）

章和元年正月，召曹褒持班固所上叔孙通《汉仪》十二篇，敕褒曰：此制散略，多不合经，今宜依礼条正，使可施行。褒乃次序礼事，依准旧典，为百五十篇。其年十二月奏上。会帝崩，大尉张酺、尚书张敏等奏，褒擅制汉礼，破乱圣术，宜加刑诛，而汉礼遂不行。（《曹褒传》）

和帝

永元六年，陈宠钩校律令条法溢于甫刑者除之。其略曰：今律令死刑六百一十，耐罪千六百九十八，赎罪以下二千六百八十一，溢于甫刑者千九百八十九。宜令三公廷尉，平定律令，应经合义者，可使大辟二百，而耐罪赎罪二千八百，并为三千，悉删除其八。事未施行。（《陈宠传》）

八年，诏郡国中都官系囚减死一等，诣敦煌戍。其犯大逆，募下蚕室，其女子宫。自死罪已下至司寇及亡命者，入赎各有差。（《纪》）

九年复置若卢狱官。注、主鞫将相大臣也。（《纪》）

十五年，有司奏以为夏至微阴起，靡草死，可以决小事。是岁，初令郡国以日北至，案薄刑。（《纪》）

殇帝

延平九年，诏自建武以来，诸犯禁锢，诏书虽解，有司持重，多不奉行，其皆复为平民。（《纪》）

安帝

永初元年，鲁恭代梁鲔为司徒。初、和帝末，下令麦秋得案验薄刑，而州郡好以苛察为政，因此遂盛夏断狱。恭上疏以为宜以立秋为断，以顺时节。又肃宗时，断狱皆以冬至之前，自后论者，互多驳异。邓太后诏公卿以下会议。恭议言十一月十二月阳气潜藏，未得用事，大辟之科，尽冬月乃断。其立春在十二月中者，勿以报囚，如故事，后卒施行。（《鲁恭传》）

是年，诏死罪以下及亡命赎各有差。（《纪》二年及延光三

年，俱有赎罪之令）

四年，诏自建初以来诸犾言它过坐徙边者，各归本郡，其没入官为奴婢者，皆免为庶人。（《纪》）

永初中，陈忠奏上二十三条为决事比。又上除蚕室刑；解臧吏三世禁锢；狂易杀人得减重论；母子兄弟相代死，听赦所代者。事皆施行。（《陈忠传》）

元初三年，初听大臣二千石刺史行三年丧。（《纪》）

建光元年，复断大臣二千石以上服三年丧。（《纪》）

尚书令祝讽、尚书孟布等奏，以为孝文皇帝定约礼之制，光武皇帝绝告宁之典，宜复建武故事。陈忠上疏言，群司营禄念私，鲜循三年之丧，臣愿陛下登高北望，以甘陵之思，揆度臣子之心。宦竖不便之，竟寝忠奏，而从讽布议，遂著于令。（《陈忠传》）

五年，诏曰：旧令制度各有科品，欲令百姓务崇节约，遭永初之际，人离荒戹，朝廷躬自菲薄，去绝奢饰，食不兼味，衣无二彩。比年虽获丰穰，尚乏储积，而小人无虑，不图久长，嫁娶送终，纷华靡丽，至有走卒奴婢，被绮縠，著珠玑。京师尚若斯，何以示四远？设张法禁，恳恻分明，而有司惰任，讫不奉行，且复重申，以观后效。（《纪》）

顺帝

永建元年，诏减死罪以下徙边，其亡命赎各有差。（《纪》阳嘉元年、永和五年、汉安二年，俱有赎罪之令）

四年、诏民入山凿石发泄藏气，有司检察，所当禁绝者，如建武永平故事。（《纪》）

是年，诏宦官袭封爵，定著令。（《孙程传》）

阳嘉二年，郎𫖮条便宜七事，以为文帝改法，除肉刑之罪，至今适三百载，宜因斯际，大蠲法令。（《郎𫖮传》）

冲帝

冲帝即位，令郡国中都官系囚减死一等，徙边；谋反大逆，不用此令。（《纪》）

质帝

质帝即位，诏中都官系因非殊死，考未竟者，一切任出，以须立秋。（《纪》）

本初元年，诏曰：顷者州郡轻慢宪防，竞逞残暴，造设科条，陷入无罪。其敕有司，罪非殊死，且勿案验，以崇在宽。

（《纪》）

桓帝

桓帝即位，诏减吏子孙，不得察举。（《纪》）

建和元年，诏州郡不得迫胁驱逐长吏。长吏臧满三十万而不纠举者，刺史二千石以纵避为罪，若有擅相假印绶者，与杀人同弃市论。（《纪》）

是年，诏郡国系囚减死罪一等，勿笞。惟谋反大逆，不用此书。十一月，减天下死罪一等戍边。（《纪》三年及和平元年、永兴元年、二年，俱有减死罪及赎罪之令）

灵帝

建宁元年，令天下系囚未决，入缣赎，各有差。（《纪》三年，熹平三年、四年、五年、光和三年、五年，中平四年，各有此令）

二年，中常侍侯览讽有司奏前司空虞放等皆为钩党，下狱死者百余人，妻子徙边，诸附从者，锢及五属。（《纪》）

献帝

建安元年，应劭册定律令为汉仪，奏之。（《文献通考》）

建安中，议者欲复肉刑，孔融建议不可从之。（同上）

蔡邕请除三互法。（《蔡邕传》）

桥玄乞天下凡有劫质者，皆并杀之，不得赎以财宝，开张奸路。诏书下其章。（《桥玄传》）

七 春秋决狱考

汉时去古未远，论事者多傅以经义。《食货志》公孙弘以《春秋》之义绳臣下，取汉相。《五行志》武帝便（董）仲舒弟子吕步舒持斧钺，治淮南狱，以《春秋》谊专断。《儿宽传》，以宽为奏谳掾，以古法义决疑狱，张汤甚重之。盖汉人家法如是。考《汉志》有《公羊董仲舒治狱》十六篇，《七录》作《春秋断狱》五卷，《隋志》作《春秋决事》十卷，董仲舒撰，唐志作《春秋决狱》，《崇文总目》作《春秋决事比》，并十卷。是书宋初尚存，后不知佚于何时。《应劭传》胶东相董仲舒老病致仕，朝廷每有政议，数遣廷尉张汤亲至陋巷，问其得失，于是作《春秋决狱》二百三十二事，动以经对。王应麟《困学纪闻》云，仲舒《春秋决狱》，其书今不传，《太平御览》载二事，《通典》载一事，所谓二百三十二事，今仅见三事而已。朱彝尊《经义考》云，《艺文类聚》有引决狱君猎得麑事，是尚存四事也。（按《类聚》六十六所引，系《韩非子》，朱盖误记。《玉函山房辑本》引作《白帖》，卷二十六）。今存者有王谟《汉魏遗书》、马氏《玉函山房》、黄氏《汉学堂丛书》诸辑本，然皆寥寥数则，不足以餍阅者之意。按汉时大臣，最重经术，武帝且诏太子受《公羊》《春秋》。《盐铁论》谓春秋之治狱，论心定罪，志善而违于法者免，志恶而合于法者诛。故其治狱，时有出于律之外者。古义纷纶，迥异俗吏，固不独仲舒如是也。兹篇所辑，于仲舒《决狱》佚文之外，又得若干条，两汉春秋决狱之事，略具于斯，匪独仲舒一家之说，抑亦治汉律者所必不可缺也。作《春秋决狱考》。

董仲舒《春秋决狱》

时有疑狱曰：甲无子，拾道旁弃儿乙养之，以为子。及乙长，有罪杀人，以状语甲，甲藏匿乙，甲当何论？仲舒断曰：甲无子，振活养乙，虽非所生，谁与易之。诗云：螟蛉有子，蜾蠃负之。《春秋》之义，父为子隐，甲宜匿乙而不当坐。（《通典》六十九东晋成帝咸和五年散骑侍郎乔贺妻于氏上表引）

甲有子乙以乞丙，乙后长大，而丙所成育。甲因酒色谓乙曰：汝是吾子，乙怒杖甲二十。甲以乙本是其子，不胜其忿，自告县官。仲舒断之曰：甲生乙，不能长育，以乞丙，于义已绝矣。虽杖

甲，不应坐。（同上）

君猎得麑，使大夫持以归。大夫道见其母随而鸣，感而纵之。君愠，议罪未定，君病恐死，欲托孤，乃觉之，大夫其仁乎，遇麑以恩，况人乎，乃释之，以为子傅。于议何如？仲舒曰：君子不麛不卵，大夫不谏，使持归，非义也。然而中感母恩，虽废君命，徙之可也。（《白帖》二十六引）

甲为武库卒，盗强弩弦，一时与弩异处，当何罪？论曰，兵所居比司马，阑入者髡，重武备、责精兵也。弩蘖机郭，弦轴异处，盗之不至，盗武库兵陈。论曰、大车无輗，小车无軏，何以行之？甲盗武库兵，当弃市乎？曰虽与弩异处，不得弦不可谓弩，矢射不中，与无矢同，不入与无镞同。律曰，此边鄙兵所臧直百钱者，当坐弃市。（《白帖》九十一引）

甲父（据《玉函山房》本增父字）乙与丙争言相斗，丙以佩刀刺乙，甲即以杖击丙，误伤乙，甲当何论？或曰殴父也，当枭首。论曰、臣愚以父子至亲也，闻其斗，莫不有怵怅之心，扶杖而救之，非所以欲诟父也。《春秋》之义，许止父病，进药于其父而卒，君子原心，赦而不诛。甲非律所谓殴父，不当坐。（《御览》六百四十引）

甲夫乙将船，会海风盛，船没溺流死亡，不得葬。四月，甲母丙即嫁甲，欲皆何论。或曰，甲夫死未葬，法无许嫁，以私为人妻，当弃市。议曰：臣愚、以为《春秋》之义，言夫人归于齐，言夫死无男，有更嫁之道也。妇人无专制擅恣之行，听从为顺，嫁之者归也，甲又尊者所嫁，无淫行之心，非私为人妻也。明于决事，皆无罪名，不当坐。（同上）

汉以春秋决狱之例

太后意欲立梁王为帝太子。帝问其状，袁盎等曰：殷道亲，亲者立弟，周道尊，尊者立子。殷道质，质者法天，亲其所亲，故立弟。周道文，文者法地，尊者敬也，敬其本始，故立长子。周道太子死，立适孙；殷道太子死，立其弟。帝曰：于公何如？皆对曰：方今汉家法周，周道不得立弟，当立子。故《春秋》所以非宋宣公，宋宣公死，不立子而与弟，弟受国死，复反之与兄之子，弟之子争之，以为我当代父，后即刺杀兄子，以故国乱祸不绝。故《春秋》曰：君子大居正，宋之祸宣公为之。臣请见太后白之。袁盎等入见太后，太后言欲立梁王，梁王即终，欲谁立？太后曰：吾复立帝子。袁盎等必宋宣公不立正生祸，祸乱后五世不绝，小不忍害大义状报太后。太后乃解说，即使梁王归就国，而梁王闻其议出于袁盎诸大臣所，怨望使人来杀袁盎，谋反端颇见。太后不食，日夜泣不止，景帝甚忧之。问公卿大臣，大臣以为遣经术吏往治之，乃可解。于是遣田叔吕季主往治之，此二人皆通经术，知大礼，来还至霸昌厩，取火悉烧梁之反辞，但空手来对景帝。景帝曰：何如？对曰：言梁王不知也，造为之者，独其幸臣羊胜公孙诡之属为之耳，谨以伏诛死，梁王无恙也。景帝喜说曰：急趋谒太后，太后闻之，立起坐，餐气平复。故曰：不通经术，知古今之大礼，不可以为三公及左右近臣。（《史记·梁孝王世家》）

吕步舒持节使决淮南狱，于诸侯擅专断不报，以《春秋》之义正之，天子皆以为是。（《史记·儒林列传》）

赵王彭祖、列侯让等四十三人，皆曰：淮南王安，大逆无道，谋反明白，当伏诛。胶西王端议曰，安废法度，行邪僻，有诈伪心，以乱天下，营惑百姓，背畔宗庙，妄作妖言。《春秋》曰：臣毋将，将而诛。安罪重于将，谋反形已定，当伏法。（《淮南王安传》）

有司案验，因发淫乱事，奏立禽兽行，请诛。大中大夫谷永上疏曰：《春秋》为亲者讳，今梁王年少，颇有狂病，始以恶言按验，既亡事实，而发闺门之私，非所以为公族隐讳。天子由是寝而不治。（《济川王传》）

始元五年，有一男子乘黄犊车，建黄旐，衣黄襜褕，著黄冒，诣北阙，自谓卫太子。公车以闻，诏使公卿将军中二千石杂识视。长安中吏民聚观者数万人，右将军勒兵阙下，以备非常。丞相御史二千石至者立，莫敢发言。京兆尹不疑后到，叱从吏收缚。或曰：是非未可知，且安之。不疑曰：诸君何患于卫太子？昔蒯聩违命出奔，辄拒而不纳，《春秋》是之。卫太子得罪先帝，亡不即死，今来自诣，此罪人也。遂送诏狱。天子与大将军霍光闻而嘉之曰，公

卿大臣，当用经术，明于大谊。繇是名声重于朝廷。(《隽不疑传》)

元鼎中，博士徐偃矫制，使胶东鲁国鼓铸盐铁，御史大夫张汤劾偃矫制大害法至死。偃以为《春秋》之义，大夫出疆，有可以安社稷存万民，颛之可也。汤以致其法，不能诎其义。有诏下军问状。军诘偃曰：古者诸侯国异俗分，百里不通，时有聘会之事，安危之势，呼吸成变，故有不受辞造命颛己之宜。今天下为一，万里同风，故《春秋》王者无外。偃巡封域之中，称以出疆，何也？偃穷诎服罪当死。（《终军传》）

丞相议奏延年主守盗三千万不道。霍将军召问延年，欲为道地。延年抵曰，本出将军之门，蒙此爵位，无有是事。光曰：即无事，当穷竟。御史大夫田广明谓太仆杜延年，《春秋》之义，以功覆过。当废昌邑王时，非田子宾之言，大事不成。今县官出三千万自乞之，何哉？愿以愚言白大将军。（《田延年传》）

斩郅支首及名王以下，宜县头稿街蛮夷邸间，以示万里，明犯强汉者，虽远必诛。事下有司，丞相匡衡、御史大夫繁延寿，以为郅支及名王首更历诸国蛮夷，莫不闻知。《月令》春掩骼埋胔之时，宜勿县。车骑将军许嘉、右将军王商，以为春秋夹谷之会，优施笑君，孔子诛之。方盛夏，首足异门而出，宜县十日，乃埋之。有诏将军议是。（《陈汤传》）

广汉太守扈商者，大司马车骑将军王晋姊子，软弱不任职。宝到部，亲入山谷，谕告群盗，非本造意渠率，皆得悔过自出，遣

归田里。自劾矫制，奏商为乱首，《春秋》之义，诛首恶而已。（《孙宝传》）

哀帝初即位，博士申咸给事中，亦东海人也。毁宣不供养，行丧服，薄于骨肉，前以不忠孝免，不宜复列封侯在朝省。宣子况为右曹侍郎，数闻其语。赇客杨明，欲令创咸面目，使不居位。会司隶缺，况恐咸为之，遂令明遮斫咸宫门外，断鼻唇身八创。事下有司，御史中丞等奏，敬近臣，为近主也。礼下公门，式路马，君畜产且犹敬之。《春秋》之义，意恶功遂，不免于诛，上浸之源，不可长也。况首为恶，明手伤，功意俱恶，皆大不敬，明当以重论，及况皆弃市。廷尉直以为，虽于掖门外伤咸道中，与凡民争斗无异。杀人者死，伤人者刑，古今之通道。《春秋》之义，原心定罪，原况以父见谤，发忿怒，无他大恶，加诋欺，辑小过，成大辟，陷死刑，违明诏，恐非法意，不可施行。圣王不以怒增刑，明当以贼伤人不直，况与谋者皆爵减完为城旦。上以问公卿议臣，丞相孔光、大司空师丹以中丞议是，自将军以下至博士议郎，皆是廷尉。况竟减罪一等，徙敦煌，宣坐免为庶人。（《薛宣传》）

彭宣等劾奏博执左道，亏损上恩，以结信贵戚，背君乡臣，倾乱政治，奸人之雄，附下罔上，为臣不忠不道。（赵）玄知博所言非法，枉义附从，大不敬。（傅）晏与博议免大司马（傅）喜失礼不敬。臣请诏谒者召博玄晏诣廷尉诏狱。制曰：将军中二千石二千石诸大夫博士议郎议，右将军峤望等四十四人，以为如宣等言可许。谏大夫龚胜等十四人，以为《春秋》之义，奸以事君，常刑不舍。鲁大夫叔孙侨如欲颛公室，谮其族兄季孙行父于晋，晋执囚行父，以乱鲁国，《春秋》重而书之。今晏放命圮族，干乱朝政，要大臣以罔上，本造计谋，职为乱阶，宜与博玄同罪，罪皆不道。（《朱博传》）

司隶校尉骏少府忠行廷尉事，劾奏衡监临盗所主守直十金以上。《春秋》之义，诸侯不得专地，所以一统尊法制也。衡位三公，辅国政，领计簿，知郡实，正国界。计簿已定，而背法制，专地盗土以自益，及（陆）赐明阿承衡意，猥举郡计，乱减县界，附下罔上，擅以地附益大臣，皆不道，于是上可其奏。（《匡衡传》）

遂册免（丁）明曰：盖君亲无将，将而诛之，是以季友鸩叔牙，《春秋》贤之；赵盾不讨贼，谓之弑君。朕闵将军陷于重刑，故以书饬，将军遂非不改，复与丞相（王）嘉相比令，嘉有依，得以罔上。有司致法将军，请狱治，朕惟噬肤之恩未忍，其上票骑将军印绶，罢归就第。（《董贤传》）

时平原多盗贼，憙与诸郡讨捕，斩其渠帅，余党当坐者数千人。憙上言恶恶止其身，（注、《公羊传》曰，善善及子孙，恶恶止其身），可一切徙京师近郡，帝从之。（《赵憙传》）

广陵王荆有罪，帝以至亲，悼伤之。诏儵与羽林监南阳任隗杂理其狱，事竟，奏请诛荆，引见宣明殿。帝怒曰：诸卿以我弟，故欲诛之，即我子，卿等敢尔耶？儵仰而对曰：天下、高帝天下，非陛下之天下也。《春秋》之义，君亲无将，将而诛焉。是以周公诛弟，季友鸩兄，经传大之。臣等以荆属托母弟，陛下留圣心，加恻隐，故敢请耳。如令陛下子，臣等专诛而已。儵以此知名。（《樊儵传》）

永和四年，中常侍张逵等谋共谮商及中常侍曹腾孟贲云，欲征诸王子，图议废立，请收商等案罪。帝曰：大将军父子，我所亲贵；贲我所爱，必无是，但汝曹共妬之耳。逵等知言不用，惧迫，遂出矫制收缚腾贲于省中。帝震怒，收逵等，悉伏诛，辞所连染及在位大臣。商惧多侵枉，乃上疏曰：《春秋》之义，功在元帅，罪止首恶，故赏不僭溢，刑不淫滥。窃闻考中常侍张逵等辞语，多所牵及，大狱一起，无辜者众，宜早讫竟，以止逮捕之烦。帝纳之，罪止坐者。（《梁商传》）

帝以望不先表请，章示百官，详议其罪。时公卿皆以望之专命，法有常条。钟离意独曰：昔华元子反，楚宋之良臣，不禀君命，擅平二国，《春秋》之义，以为美谈。帝嘉意议，赦而不罪。（《王望传》）

安帝初清河相叔孙光坐臧抵罪，遂增锢二世，衅及其子。是时居延都尉范邠，复犯臧罪，诏下三公廷尉议。司徒杨震、司空陈褒、廷尉张皓议依光比。恺独以为《春秋》之义，善善及子孙，恶恶止其身，所以进人于善也。如令使臧吏禁锢子孙，非先王详刑之意也。有诏，太尉议是。（《刘恺传》）

敞在职，以宽和为政，举冤狱，以《春秋》义断之，是以郡中无怨声。（《何敞传》）

有人诬谓舅宋光于大将军梁商者，以为妄刊章文，坐系洛阳诏狱，掠考困极。谞时年十五，奏记于商曰：谓闻《春秋》之义，原情定过，赦事诛意。故许止虽弑君而不罪，赵盾以纵贼而见书，此仲尼所以垂王法，汉世所宜遵前修也。光之所坐，情既可原，守阙连年，而终不见理，不偏不党，其若是乎？商高谞才志，即为奏原光罪。（《霍谞传》）

时清河赵腾上言灾变，讥刺朝政，章下有司，收腾系考，所引党辈八十余人，皆以诽谤，当伏重法。皓上疏谏曰：臣闻《春秋》采善书恶，腾等虽干上犯法，所言本欲尽忠正谏，如当诛戮，天下杜口。帝乃悟，减腾死罪一等，余皆司寇。（《张皓传》）

魏讽反，廙弟伟为讽所引，当相坐诛。太祖令曰：叔向不坐弟虎，古之制也，特原不问。（《魏志·刘廙传》）

梁人取后妻，后妻杀夫，其子又杀之。孔季彦返鲁过梁。梁相曰：此子当以大逆论。礼继母如母，是杀母也。季彦曰：若如母，则与亲母不等，欲以义督之也。昔文姜与杀鲁桓，《春秋》去其姜氏，传曰，绝不为亲，礼也，绝不为亲，即凡人尔。且夫手杀重于知情，知情犹不得为亲，则此下手之时，母名绝矣。方之古义，是子宜以非司寇而擅杀当之，不得为杀母而论以逆也。梁相从其言。（《孔丛子》按《通典》一百六十六有武帝论防年杀继母一条，与

此情节相同，惟不引《春秋》为稍异耳。详见《律令杂考》）

黄浮为濮阳令，同岁子为掾，犯罪当死，一郡望浮为主。浮曰：周公诛二弟，石碏讨其子，今虽同岁，所不能赦。遂竟治之。（《书钞》三十七引《汝南先贤传》）

汉论事援引春秋

梁王令人刺杀爰盎，上疑梁杀之，使者冠盖相望，责梁王。王长君者，王美人兄也。邹阳乘间而请曰，长君诚能精为上言之，得毋竟梁事，长君必固自结于太后，太后厚德长君，入于骨髓。昔者鲁公子庆父，使仆人杀子般，狱有所归，季友不探其情而诛焉。庆父亲杀闵公，季子缓追免贼，《春秋》以为亲亲之道也。鲁哀姜薨于夷，孔子曰：齐桓公法而不谲，以为过也。以是说天子，徼幸梁事不奏。长君曰诺，乘间入而言之。事果得不治。（《邹阳传》）

大鸿胪禹奏，元前以刃贼杀奴婢子男，杀谒者，为刺史所举，罪名明白。故《春秋》之义，诛君之子不宜立，元虽未伏诛，不宜立嗣。奏可，国除。（《赵敬肃王传》）

助恐，上书谢。称《春秋》天王出居于郑，不能事母，故绝之。臣事君，犹子事父母也，臣助，当伏诛。陛下不忍加诛，愿奉三年计最，诏许。（《严助传》）

奉世遂西至大宛，大宛闻其斩莎车王，敬之，异于他使，得其名马象龙而还。上甚说，下议封奉世。丞相将军皆曰：《春秋》之义，大夫出疆，有可以安国家，则颛之可也。奉世功效尤著，宜加爵土之赏。少府萧望之独以奉世奉使有指，而擅矫制违命，发诸国兵，虽有功效，不可以为后法。（《冯奉世传》）

光与群臣连名奏王（昌邑），尚书令读奏曰：五辟之属，莫大不孝。周襄王不能事母，《春秋》曰天王出居于郑，繇不孝出之，绝之于天下也。宗庙重于君，陛下未见命高庙，不可以承天序，奉祖宗庙，子万姓。当废。（《霍光传》）

石显匡衡可为延寿汤擅兴师矫制，幸得不诛，如复加爵土，则后奉使者，争欲乘危徼幸，生事于蛮夷，为国招难，渐不可开。元帝内嘉（甘）延寿汤功，而重违衡显之议，议久不决。故宗正刘向上疏曰：昔齐桓公前有尊周之功，后有灭项之罪，君子以功覆过，而为之讳行事。宜以时解县通籍，除过勿治，尊宠爵位，以劝有功。（《陈汤传》）

久之，大将军霍光薨，宣帝始亲政事，封光兄孙山云，皆为列侯，以光子禹为大司马。顷之，山云以过归第。敞闻之，上封事曰：臣闻公子季友，有功于鲁，大夫赵衰，有功于晋，大夫田完，有功于齐，皆畴其庸，延及子孙，终后田氏篡齐，赵氏分晋，季氏颛鲁。故仲尼作《春秋》，迹盛衰，讥世卿最甚。间者辅臣颛政，贵戚太盛，君臣之分不明，请罢霍氏三侯皆就第。（《张敞传》）

（涓）勋私过光禄勋辛庆忌，又出逢帝舅成都侯（王）商道，路下车立，颡过乃就车。于是方进举奏其状，因曰：臣闻国家之兴，尊尊而敬长，爵位上下之礼，王道纲纪，《春秋》之义，尊上公谓之宰，海内无不统焉。丞相进见圣主，御座为起，在舆为下，群臣宜皆承顺圣化，以视四方。勋吏二千石幸得奉使，不遵礼仪，轻慢宰相，贱易上卿，而又诎节失度，邪谄无常，色厉内荏，堕国体，乱朝廷之序，不宜处位。臣请下丞相免勋。（《翟方进传》）

相因平恩侯许伯奏封事，言《春秋》讥世卿，恶宋三世为大夫，及鲁季孙之专权，皆危乱国家。自后元以来，禄去王室，政繇冢宰，今（霍）光死，子复为大将军，兄子秉枢机，昆弟诸婿，据权势在兵官。光夫人显及诸女，皆通籍长信宫，或夜诏门出入，骄奢放纵，恐浸不制，宜有以损夺其权，破散阴谋，以固万世之基，全功臣之世。（《魏相传》）

时侍中董贤方贵，上使中黄门发武库兵前后十辈，送董贤及上乳母王阿舍。隆奏言，《春秋》之谊，家不藏甲，所以抑臣威，损私力也。今贤等便僻弄臣，私恩微妾，而以天下公用给其私门，非所以示四方也。（《毋将隆传》）

臣谨按，鲁庄公夫人杀世子，齐桓公召而诛焉，《春秋》予之。赵昭仪倾乱圣朝，亲灭继嗣，家属当伏天诛。前平安刚侯夫人谒，坐大逆同产当坐，以蒙赦令归故郡。今昭仪所犯，尤悖逆，罪重于谒，而同产亲属，皆在尊贵之位，迫近帷幄，群下寒心。请事穷竟，丞相以下议正法。哀帝于是免新成侯赵钦、钦兄子成阳侯

诉，皆为庶人，将家属徙辽西郡。（《孝成赵皇后传》）

援在交趾，常饵薏苡实，用能轻身省欲，以胜瘴气。南方薏苡实大，援欲以为种，军还，载之一车，时人以为南土珍怪。卒后，有上书谮之者，以为前所载还，皆明珠文犀。帝益怒，宾客故人莫敢吊。同郡朱勃诣阙上书曰：臣闻。《春秋》之义，罪以功除，圣王之礼，臣有五义。若援所谓以死勤事者也，愿下公卿，平援功罪。（《马援传》）

统上疏曰，孔子曰：刑罚不衷，则人无所厝手足，衷之为言，不轻不重之谓也。《春秋》之诛，不避亲戚，所以防患救乱，坐安众庶。（《梁统传》）

单超积怀忿恨，遂以事陷种，竟坐徙朔方，种匿于闾甄氏。数年，徐州从事臧旻上书讼之曰：《春秋》之义，选人所长，弃其所短，录其小善，除其大过。种所坐以盗贼公负，筋力未就，罪至征徒，非有大恶。（《第五种传》）

时部县亭长有受人酒礼者，府下记案考之。意封还记，入言于太守曰，《春秋》先内后外，诗云：刑于寡妻，以御于家邦，明政化之本，由近及远。今宜先清府内，且阔略远县细微之愆。太守甚置之。（《钟离意传》）

建初中，有人侮辱人父者，而其子杀之。肃宗贳其死刑而降宥之，自后因以为比，是时遂定其议，以为轻侮法。敏驳议曰：《春秋》之义，子不报仇，非子也，而法令不为之减者，以相杀之路，

不可开故也。可下三公廷尉，蠲除其敝。（《张敏传》）

建初元年，大旱谷贵。终以为广陵楚淮阳济南之狱，徙者万数，又远屯绝域，吏民怨旷。乃上疏曰：臣闻善善及子孙，恶恶止其身，百王常典，不易之道也。臣窃按《春秋》水旱之变，皆应暴急，惠不下流。鲁文公毁泉台，《春秋》讥之曰，先祖为之，而已毁之，不如勿居而已，以其无妨害于民。襄公作三军，昭公舍之，君子大其复古，以为不舍则有害于民也。今伊吾之役，楼兰之屯，久而未还，非天意也。帝从之，听还徙者，悉罢边屯。(《杨终传》)

参于道为羌所败，既已失期，乃称病引兵还，坐以诈疾征下狱。校书郎中马融上书请之曰：昔荀林父败绩于邲，晋侯使复其位；孟明视丧师于崤，秦伯不替其官，故晋景并赤狄之土，秦穆遂霸西戎，宜远览二君，使参得在宽宥之科。书奏，赦参等。（《庞参传》）

先是中常侍单超弟匡，为济阴太守，以臧罪为刺史第五种所劾，窘急，乃赂客任方刺衮州从事卫羽。及捕得，方因系洛阳，匡虑秉当穷竟其事，密令方等得突狱亡走。尚书召秉诘责。秉对曰：《春秋》不诛黎比而鲁多盗，方等无状，衅由单国刺执法之吏，害奉公之臣，复令得逃窜，宽纵罪身，元恶大憝，终为国害，乞槛车征匡，考核其事，则奸慝踪绪，必可立得。（《杨秉传》）

时中常侍侯览弟参为益州刺史，累有臧罪，暴虐一州。明年秉劾奏参槛车征诣廷尉，参惶恐自杀。秉因奏曰：按中常侍侯览弟参，贪残元恶，自取祸灭，览固知衅重，必有自疑之意，臣愚以为不宜复见亲近。昔懿公刑邴歜之父，夺阎职之妻，而使二人参乘，卒有竹中之难，《春秋》书之，以为至戒。览宜急屏斥，投畀有虎，若斯之人，非恩所宥，请免官送归本郡。书奏，尚书召对秉掾属曰，公府外职，而奏劾近官，经典汉制，有故事乎？秉使对曰：《春秋》赵鞅以晋阳之甲，逐君侧之恶。传曰：除君之恶，惟力是视。邓通懈慢，申屠嘉召通诘责，文帝从而请之。汉世故事，三公之职，无所不统。尚书不能诘，帝不得已，竟免览官。（同上）

膺坐输作左校。初膺与廷尉冯绲、大司农刘佑等共同心志，纠罚奸幸，绲佑时亦得罪输作，司隶校尉应奉上疏理膺等曰：昔季孙行父亲逆君命，逐出莒仆，于舜之功二十之一。今膺等投身强御，毕力致罪，陛下既不听察，而猥受谮诉，遂令忠臣同愆元恶，乞原膺等，以备不虞。书奏，乃悉免其刑。（《李膺传》）

时张让弟朔为野王令，贪残无道，至乃杀孕妇，闻膺厉威严，惧罪逃还京师，因匿兄让第舍，藏于合柱中。膺知其状，率将吏卒破柱取朔，付洛阳狱，受辞毕，即杀之。让诉冤于帝，诏膺入殿，御亲临轩，诘以不先请便加诛辟之意。膺对曰：昔晋文公执卫成公，归于京师，《春秋》是焉。《礼》云：公族有罪，虽曰宥之，有司执宪不从。昔仲尼为鲁司寇，七日而诛少正卯。今臣到官，已积一旬，私惧以稽留为愆，不意获速疾之罪，诚自知衅责，死不旋踵，特乞留五日，克殄元恶，退就鼎镬，始生之愿也。帝无复言，

顾谓让曰，此汝弟之罪，司隶何愆？乃遣出之。（同上）

初太傅马日磾奉使山东，及至淮南，数有意于袁术，术轻侮之，遂夺取其节，求去，又不听，因欲迫为军师。日磾深自恨，遂呕血而毙。及丧还，朝廷议欲加礼，融乃独议曰，日磾以上公之尊，秉髦节之使，衔命直指，宁缉东夏，而曲媚奸臣，为所牵率，表章署用，辄使首名，附下罔上，奸以事君。昔国佐当晋军而不挠，宜僚临白刃而正色，王室大臣，岂得以见胁为辞？又袁术僭逆，非一朝一夕，日磾随从，周旋历岁。汉律与罪人交关三日已上，皆应知情。《春秋》鲁叔孙得臣卒，以不发扬襄仲之罪，贬不书日。郑人讨幽公之乱，斲子家之棺。圣生哀矜旧臣，未忍追案，不宜加礼。朝廷从之。（《孔融传》）

梁郁阴上书告（崔）骃僖诽谤先帝，刺讥当世，事下有司。骃诣吏受讯，僖以吏捕方至，恐诛，乃上书肃宗自讼曰：齐桓公亲扬其先君之恶，以唱管仲，然后群臣得尽其心。今陛下乃欲以十世之武帝，远讳实事，岂不与桓公异哉？？书奏，立诏勿问。（《孔僖传》）

是时邵陵令任嘉，在职贪秽，因迁武威太守。有人奏嘉臧罪千万，征考廷尉，其所染牵，将相大臣，百有余人。伦乃上书曰，臣闻《春秋》诛恶及本，本诛则恶消。今任嘉所坐狼藉，未受辜戮，猥以垢臭，改典大郡，自非按坐举者，无以禁绝奸萌。昔齐威之霸，杀奸臣五人，并及举者，以弭谤讟。惟陛下留神省察。尚书奏伦徼以求直，坐不敬，结鬼薪。（《杨伦传》）

时烧何豪有妇人比铜钳者，将其家来依郡县，种人颇有犯法者。临羌长收系比铜钳，而诛杀其种六七百人。显宗怜之，乃下诏曰：昔齐桓公伐戎而无仁惠，故《春秋》贬曰齐人。今国家无德，恩不及远，羸弱何辜，而当并命。比铜钳尚生者，所在致医药养视，令招其种人。若欲归故地者，厚遣送之。其小种若束手自诣，欲效功者，皆除其罪。若有逆谋，为吏所捕，而狱状未断，悉以赐有功者。（《西羌传》）

（张）奂以单于不能统理国事，乃拘之上立左谷蠡王。桓帝诏曰：《春秋》大居正，居车儿一心向化，何罪而黜？其遣还单于。（《南匈奴传》）

颖川荀爽对策曰：公卿二千石，皆辅主宣化，政之本也，而使不赴父母之丧。《春秋传》曰：上之所为，民之归也。上使不为，民或为之，是以加罚。若上之所为，而民亦为之，向其化也，又何诛哉？假使大臣皆不行三年之丧，何以责之。（袁宏《后汉纪》）

晋灵厚赋以雕墙，《春秋》以为非君；华元乐吕，厚葬文公，《春秋》以为不臣，况于群司庶士，乃可僭侈主上，过天道乎？明帝时，武原侯卫不害坐葬过律夺国，明帝时，桑民摐阳侯坐塜过制，髡削。（《潜夫论浮侈》）

《春秋》之义，责知诛率。孝文皇帝至寡动，欲任德，然河阳侯陈信，坐负六月免国。孝武仁明，周阳侯田彭祖，坐当轵侯宅而不与免国。黎阳侯邵延，坐不出持马，身斩国除。二帝岂乐以钱财

之故而伤大臣哉，乃欲绝诈欺之端，必国家之法，防祸乱之原，以利民也。（同上《断讼》）

太原周党伯况，少为卿佐发党过于人中辱之。党学《春秋》长安，闻报仇之义，辍讲下，辞归报仇。到与卿佐相闻，期斗日，卿佐多从正往，使卿佐先拔刀，然后相击，佐欲直，令正击之，党被创困乏，佐服其义勇，篗舆养之。数日苏，兴，乃知非其家，即径归，其立勇果乃至于是。谨按、凡报仇者谓为父兄耳，岂以一朝之愤，而肆其狂怒者哉。既远《春秋》之义，殆令先祖不复血食，不孝不智而两有之，归其义勇，其义何居？（《风俗通》）

高唐令乐安周纠孟玉为大将军掾，弟子使客杀人，捕得，太守盛亮阴为宿留，纠亦自劾诣府。亮与相见，不乞请，又不辞谢。亮告宾客：周孟玉欲作抗直，不恤其亲，我何能枉宪乎？遂毙于狱。谨按《春秋》，叔牙为庆父杀般闵公，大恶之甚，而季子缘狱有所归，不探其情，缓追逸贼，亲亲之道。州吁既杀其君，而虐用其人，石错恶之，而厚与焉。大义灭亲，君子犹曰，纯臣之道备矣，于恩未也。君观无将，王诛宜耳。周纠苟执果毅，忽如路人，孟轲讥无恻隐之心，《传》曰，于厚者薄，则无所不薄矣。（同上）

按《应劭传》，劭尝著《春秋断狱》，其书不传，《隋志》亦不著录，此二条殆其佚文也。

汉末有管秋阳者，与弟及伴一人，避乱俱行，天雨雪，粮绝，谓其弟曰：今不食伴，则三人俱死，乃与弟共杀之。得粮达舍，后遇赦，无罪。此人可谓善士乎？孔文举曰：管秋阳爱先人遗体，食伴无嫌也。荀侍中难曰：秋阳贪生杀生，岂不罪耶？文举曰：此伴，非会友也。若管仲啖鲍叔，贡禹食王阳，此则不可。向所杀者，犹鸟兽而能言耳。今有犬啮一狸，狸啮一鹦鹉，何足怪也。昔重耳恋齐女而欲食狐偃，叔敖怒楚师而欲食伍参，贤哲之忿，犹欲啖人，而祝遭穷者乎？（《意林》引《傅子》）

八 律家考

《周官·大司寇》正月之吉，始和，布刑于邦国都鄙，乃县刑象于象魏，使万民观刑象，挟日而敛之。又有州长以下诸官属民读法，其时人人知法，而未尝有律学之名。班氏谓法家者流，出于理官。自李悝著《法经》，其后商鞅申不害处子慎到韩非游棣子诸人，并有著述，列于《汉书·艺文志》，是此学战国时始盛也。秦焚诗书百家之言，法令以吏为师，汉代承之，此禁稍弛。南齐崔祖思谓汉来治律有家，子孙并世其业，聚徒讲授，至数百人。其可考者，《文苑英华》引沈约《授蔡法度廷尉制》，谓汉之律书，出于小杜，故当时有所谓小杜律，见《汉书·郭躬传》。《晋志》亦言汉时律令，错糅无常，后人生意，各为章句。叔孙宣郭令卿马融郑玄诸儒章句，十有余家，家数十万言，凡断罪所当由用者，合二万六千二百七十二条、七百七十三万二千二百余言，言数益繁，览者益难，汉时律学之盛如此。马郑皆一代经学大儒，犹为律章句。文翁守蜀，选开敏有材者张叔等十余人，遣诣京师，学律令，是汉人之视律学，其重之也又如此。董卓之乱，海内鼎沸，律学浸微。于是卫觊有设律博士之请。据《魏志》觊传，觊奏曰：九章之律，自古所传，断定刑罪，其意微妙，百里长吏，皆宜知律，请置博士，转相教授，事遂施行。沿六朝隋唐，讫于赵宋，代有此官，至元而废。自是士大夫始鲜知律，此亦古今得失之林也。徐天麟《东汉会要》有律学一门，惜有目无书。兹篇所辑，凡得七十五人，汉时五经并置博士，授受渊源，《儒林传》颇能言之，而治律之师承，则语焉不详。东汉中叶，郭吴陈三家，代以律学鸣，而郭氏出于小杜，可考者止此。其余诸家授受渊源，莫能述焉。至诸家律说，见于《史汉》注者尚有数条，姑附于后，吉光片羽，致足珍也。作《律家考》。

萧何

相国萧何捃摭秦法，取其宜于时者，作律九章。（《刑法志》）

萧何造律而汉室以宁。（《论衡》）

萧何守文法。（《意林》引《傅子》）

萧何定诸侯法令。（《玉海》）

叔孙通

叔孙通，薛人也。孝惠即位，定宗庙仪法，及稍定汉诸仪法，皆通所论著。（本传）

叔孙通益律所不及，傍章十八篇。（《晋志》）

张苍

张苍定章程。（《高帝纪》）

汉兴二十余年，天下初定，公卿皆军吏。苍为计相，吹律调乐人之音声，及以比定律令。（《任敖传》）

张苍除肉刑，所杀岁以万计。（《魏志·钟繇传》）

董仲舒

故胶东相董仲舒，老病致仕。朝廷每有政议，数遣廷尉张汤，亲至陋巷，问其得失。于是作《春秋决狱》二百三十二事。（《应劭传》）

公羊董仲舒《春秋治狱》十六篇。（《艺文志》）

董仲舒表《春秋》之义，稽合于律无乖异者。（《论衡》）

贾谊 吴公

贾谊，雒阳人也。河南守吴公，闻其秀材，召置门下。文帝初立，闻河南守吴公，治平为天下第一，故与李斯同邑而尝学事焉，征以为廷尉。廷尉乃言谊年少，颇通诸家之书。文帝召以为博士，超迁岁中至大中大夫。谊以为汉兴二十余年，宜草具仪法，文帝谦让未遑也。然诸法令所更定，其说皆谊发之。（本传）

张叔

御史大夫张叔者，名欧，安邱侯说之庶子也。孝文时以治刑名言事太子，然欧虽治刑名家，其人长者。（《史记》本传）

张欧字叔，孝文时以治刑名，侍太子。（本传）

晁错 张恢 宋孟 刘带

晁错，颍川人也，学申商刑名于轵张恢生所。（注、师古曰：轵县之儒生，姓张名恢，错从之受申商法）。与雒阳宋孟及刘带（《史记》带作礼）同师。（本传）

错所更令三十章。（同上）

晁错三十二篇。（《艺文志》）

张汤

张汤，杜人也。其父为长安丞，出，汤为儿守舍，还而鼠盗肉，其父怒笞汤。汤掘窟得鼠及余肉，劾鼠掠治，传爰书，讯鞫论报；并取鼠与肉，具狱，磔堂下。父见之，视其文辞，如老狱吏，大惊，遂使书狱。迁大中大夫，与赵禹共定诸律令，务在深文。（本传）

张廷尉论定律令，朋法以绳天下。（《盐铁论》）

张汤《越宫律》二十七篇。（《晋志》）

赵禹

赵禹，斄人。武帝时以刀笔吏积劳，稍迁为御史，上以为能，至太中大夫。与张汤论定诸律令。作见知吏传相监司，用法益刻，盖尽自此始。（本传）

赵禹《朝律》六篇。（《晋志》）

杜周

杜周，南阳杜衍人。周少言重迟，而内深次骨。其治大抵放张汤。（本传）

兼律大杜。（《冯绲碑》）

韬律大杜。（《荆州从事苑镇碑》）

杜延年

延年字幼公，亦明法律。（本传）

西河太守杜延年，明于法度，晓国家政事。（《丙吉传》）

父弘，习小杜律。注、杜周，武帝时为廷尉、御史大夫，断狱深刻。其子延年，亦明法律。宣帝时又为御史大夫，对父故言小。（《郭躬传》）

公孙弘

公孙弘，菑川薛人也。少时为狱吏，习文法吏事，缘饰以儒术。（本传）

公孙弘著《公孙子》，言刑名事，亦谓字直百金。（《西京杂记》）

韩安国 田生

韩安国字长孺，梁成安人也。尝受韩子（《汉书注校补》韩子谓韩非子）杂说邹田生所。注、师古曰：田生、邹县人。（本传）

于公 于定国

于定国字曼倩，东海郯人也。其父于公，为县狱史郡决曹，决狱平，罹文法者，于公所决，皆不恨。定国少学法于父，父死后，定国亦为狱史郡决曹，以材高举侍御史，迁御史中丞。（本传）

丞相西平侯于定国者，东海人也。其父号曰于公，为县狱吏曹掾，决狱平法，未尝有冤。（《说苑》）

张于二氏，絜誉文宣之世。（《南齐书》）

于定国为廷尉，集诸法律，凡九百六十卷。（《魏书·刑罚志》）

路温舒

路温舒字长君，钜鹿东里人也。为狱小吏，因学律令，转为狱史，县中疑事皆问焉。宣帝初，上书言宜尚德缓刑。（本传）

郑宾

郑崇父宾，明法律，为御史，事贡公。（《郑崇传》）

郑昌 郑弘

郑弘字穉卿，泰山刚人也。兄昌，字次卿，皆明经，通法律政事。次卿为太原涿郡太守，弘为南阳太守，皆治迹条教法度为后所述。次卿用刑罚深，不如弘平。（本传）

黄霸

黄霸字次公，淮阳阳夏人也。以豪杰役使徙云陵。霸少学律令，喜为吏，为人明察内敏，又习文法。为丞处议，当于法，合人心，太守甚任之，吏民爱敬焉。（《循吏传》）

严延年

严延年字次卿，东海下邳人也。少学法律丞相府，归为郡吏，以选除补御史掾。（《酷吏传》）

孔光

孔光字子夏，孔子十四世孙也。以高第为尚书，观故事品式，数岁，明习汉制及法令。（本传）

陈汤

陈汤字子公，山阳瑕丘人也，少好书，博达善属文。大将军（王）凤，奏以为从事中郎，幕府事壹决于汤。汤明法令，善因事为执，纳说多从，常受人金钱作章奏，卒以此败。（本传）

丙吉

丙吉字少卿，鲁国人也。治律令，为鲁狱史，积功劳，稍迁至廷尉。（本传）

薛宣

薛宣字赣君，东海郯人也。少为廷尉书佐都船狱吏，以明习文法，诏补御史中丞。（本传）

尹翁归

尹翁归字子兄，河东平阳人也。少孤，与季父居，为狱小吏，晓习文法。（本传）

何比干

比干字少卿，经明行修，兼通法律。为汝阴县狱史法曹掾，平活数千人。（《何敞传》注引何氏《家传》）

武帝时，为廷尉正，与张汤同时。汤持法深，而比干务仁恕，数与汤争，虽不能尽得，然所济活者以千数。（《何敞传》）

汝南何比干通律法。元朔中公孙洪（当作弘）辟为廷尉右，平狱无冤，民号曰何公。（《太平广记》二百九十一引《三辅决录》）

弘恭 石显

宣帝不甚从儒术，任用法律，而中书令弘恭石显，久典枢机，明习文法。（《萧望之传》）

弘恭明习法令故事。（本传）

或曰，载使子草律，曰吾不如弘恭。（《法言》）

王禁

禁字雅君，少学法律长安，为廷尉史。（《元后传》）

淮阳宪王钦

宣帝宠姬张捷妤，男淮阳宪王，好政事，通法律。上奇其材，欲以为嗣。（《韦元成传》）

赵敬肃王彭祖

以孝景前二年立。心刻深，好法律。（本传）

广陵思王荆

荆性刻急隐害，有才能，而喜文法。（《光武十王传》）

王霸

王霸字元伯，颍川颍阳人也。世好文法。父为郡决曹掾，霸亦

少为狱吏。注引《东观汉记》曰：祖父为诏狱丞。（本传）

梁统 梁松

梁统字仲宁，安定乌氏人，性刚毅而好法律。（本传）

松字伯孙，少为郎，博通经书，明习故事。（同上）

郭弘 郭躬 郭晖 郭镇 郭祯 郭僖 郭旻

郭躬字仲孙，颍川阳翟人也。父弘，习小杜律。太守寇恂以弘为决曹掾，断狱至三十年，用法平，诸为弘所决者，退无怨情，郡内比之东海于公。年九十五卒。（《郭躬传》）

躬少传父业，讲授徒众，常数百人。家世掌法，务在宽平，乃条诸重文可从轻者四十一事，奏之，事皆施行，著于令。（同上）

中子晊，亦明法律，至南阳太守，政有名迹。（同上）

弟子镇字桓钟，少修家业，拜河南尹，转廷尉。（同上）

弟祯，亦以能法律，至廷尉。（同上）

镇弟子僖，少明习家业，兼好儒学。延熹中为廷尉。郭氏自弘后，数世皆传法律。（同上）

郭躬家世掌法，务在宽平。（《东观汉记》）

郭躬为廷尉正迁廷尉，家世掌法，凡郭氏为廷尉者七人。

（《艺文类聚》四十九引华峤《后汉书》）

郭躬字仲孙，颍川人，辟公府以明法律，特预朝议。（《御览》六百四十引《续汉书》）

陈郭两族，流称武明之朝，决狱无冤，庆昌枝裔。（《南齐书》）

郭躬以律学通明，仍业司士。（《文苑英华》沈约《授蔡法度廷尉制》）

治律小杜。（《丹阳太守郭旻碑》）

郭旻字巨公，太尉禧之子，知郭氏世传小杜律。（惠栋《后汉书补注》）

郭贺

郭贺字乔卿，雒阳人。能明法。建武中为尚书令，在职六年，晓习故事。（《蔡茂传》）

陈咸 陈宠 陈忠

陈宠字昭公，沛国洨人也。曾祖父咸，成哀间以律令为尚书。平帝时，王莽辅政，多改汉制，咸心非之，即乞骸骨。收敛其家律令书文，皆壁藏之。咸性仁恕，常戒子孙曰：为人议法，当依于轻，虽有百金之利，慎无与人重比。（《陈宠传》）

宠明习家业，少为州郡吏，辟司徒鲍昱府。昱高其能，转为辞曹，为昱撰《辞讼比》七卷。奏上之，其后公府奉以为法。（同上）

忠字伯始，刘恺举忠明习法律，宜备机密。于是擢拜尚书，使居三公曹。忠自以世典刑法，用心务在宽详。（同上）

陈宠曾祖父咸，任成哀间，以明律令为侍御史。（《东观汉记》）

陈咸字子威，为廷尉监，执狱多恩，议人常从轻比，多所全活，皆称其恩。（《御览》二百三十一引谢承《后汉书》）

王涣

王涣字稚子，广汉郪人也。习尚书，读律令，略举大义，为太守陈宠功曹。（本传）

吴雄 吴䜣 吴恭

顺帝时，廷尉河南吴雄季高，以明法律，断狱平，起自孤宦，致位司徒。子䜣、孙恭，三世廷尉，为法名家。（《郭躬传》）

河间吴雄以明法律，桓帝时自廷尉致位司徒。雄子䜣、孙恭，三世为廷尉，以法为名家。（《艺文类聚》四十九引华峤《后汉书》《书钞》五十三，《御览》二百三十一引华书，均作桓帝，与范书异）

吴雄以三世法家，继为理职。（《文苑英华》沈约《授蔡法度廷尉制》）

张禹

张禹字伯达，作九府吏，为廷尉府北曹吏，断狱处事执平，为京师所称。明帝以其明达法理，有张释之风，超迁，非次拜廷尉。（《书钞》五十三引《东观记》）

光武时有疑狱，见廷尉曹史张禹，所问辄对，处当详衷。于是册免廷尉，以禹代之，虽越次而授，亦足以厉其臣节也。（《御览》二百三十一引《汉官仪》）

侯霸

侯霸字君房，河南密人也。明习故事，条奏前世善政法度有益于时者，皆施行之。（本传）

陈球

陈球字伯真，下邳淮浦人也。少涉儒学，善律令。（本传）

宗琳（《御览》二百三十一引作陈琳。汪文台《谢书辑本》作

陈球，宗琳盖陈球之误）。字伯真，桥玄表琳明法律，征拜廷尉正。（《书钞》五十五引谢承《后汉书》）

钟皓

钟皓字季明，颍川长社人，世善刑律。（本传）

钟皓字季明，温良笃慎，博学诗律，教授门生，千有余人。（《魏志·钟繇传》注引《先贤行状》）

阳球

阳球字方正，渔阳泉州人也。性严厉，好申韩之学。（本传）

樊晔

樊晔字仲华，南阳新野人也。为天水太守，政严猛，好申韩法，善恶立断。（本传）

周纡

周纡字文通，下邳徐人也。为人刻削少恩，好韩非之术。（本传）

周树

周树达于法，善能解烦释疑，八辟从事。（《书钞》七十三引谢承《后汉书》）

徐征

徐征字君球，苍梧荔浦人。少有方直之行，不挠之节，颇览书传，尤明律令。延熹五年，征为中部督邮。（《御览》二百五十三引《广州先贤传》）

应劭

应劭字仲远，删定律令，为汉仪，建安元年奏之。时始迁都于许，凡朝廷制度，百官典式，多劭所立。（本传）

劭又著《中汉辑叙》《汉官仪》及《礼仪故事》，凡十一种，百三十一卷。（《魏志·王粲传》注引《续汉书》）

汉世善驳，则应劭为首。（《文心雕龙》）

应劭《律略论》五卷，《汉朝议驳》三十卷，应劭撰。（《隋志》）

黄昌

黄昌字圣真，会稽余姚人也，晓习文法，仕郡为决曹。（本传）

董昆 卢孟 荀季卿

董昆字文通，余姚人也。少游学，师事颍川荀季卿，受《春秋》，治律令，明达法理，又才能拨烦。县长潘松署功曹史，刺史卢孟行部，垂念冤结。松以孟明察于法令，转署昆为狱史。孟到，昆断正刑法，甚得其平。孟问昆：本学律令，所事为谁？昆对事荀季卿。孟曰：史与刺史同师。孟又问昆：从何职为狱史？松具以实对。孟叹曰：刺史学律，犹不及昆。召之署文学。（《御览》六百三十八引《会稽典录》）董昆迁廷尉卿，持法清峻，不发私书。（《御览》二百三十一引《会稽典录》）

叔孙宣 郭令卿 马融 郑玄

后人生意，各为章句。叔孙宣郭令卿马融郑玄诸儒章句，十有余家，家数十万言。言数益繁，览者益难。（《晋书·刑法志》）

张皓

张皓字叔明，犍为武阳人也。虽非法家，而留心刑断，数与尚书办正疑狱，多以详当见从。（本传）

张浩字叔明，治律春秋。游学京师，善大将军邓骘。顺帝初立，拜浩司空。（《蜀志·张翼传》注引《益部耆旧传》）

按汉时廷尉，多以法家为之。杨赐为廷尉，自以代非法家，言曰：三后成功，惟殷于民，皋陶不与焉，盖吝之也。遂固辞。见《杨赐传》。侍御史，治书侍御史，亦以明法律者为之，见《百官志》。

律说（附）

按《陈宠传》，律有三家，其说各异。《晋志》汉诸儒章句十有余家。魏明帝诏但用郑氏章句，不得杂用余家。考马融郑玄为律章句，《后书》本传皆不载，《隋志》亦不著录，盖佚已久。沈氏《寄簃文存》谓《唐律疏义》虽不纯本魏太和律博士说，而郑义多在其中。今不可考。惟律观见于《史》《汉》注所引者，尚存数条，姑附于后。